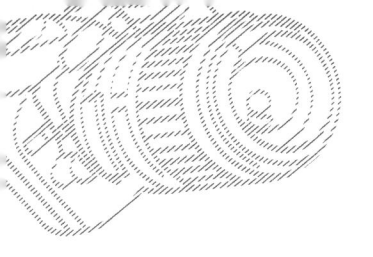

POLÍCIA CIENTÍFICA:
transformando vestígios em evidências à luz da cadeia de custódia

SÉRIE ESTUDOS DE INVESTIGAÇÃO PARTICULAR

Jesus Antonio Velho
Gustavo P. Vilar
Eduardo Gusmão
Deivison P. Franco
Luiz Rodrigo Grochocki

inter
saberes

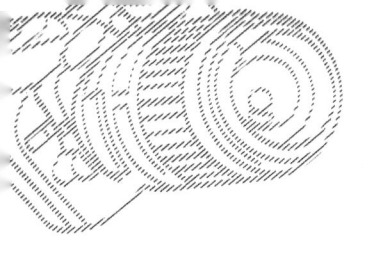

POLÍCIA CIENTÍFICA:
transformando vestígios em evidências à luz da cadeia de custódia

Dados Internacionais de Catalogação na Publicação (CIP)
(Câmara Brasileira do Livro, SP, Brasil)

Polícia científica: transformando vestígios em evidências à luz da cadeia de custódia/Jesus Antonio Velho et al. Curitiba: InterSaberes, 2020. (Série Estudos de Investigação Particular)

Outros autores: Gustavo P. Vilar, Eduardo Gusmão, Deivison P. Franco, Luiz Rodrigo Grochocki.
Bibliografia.
ISBN 978-85-227-0196-4

1. Ciências forenses 2. Criminologia 3. Direito penal 4. Investigação criminal 5. Perícia I. Velho, Jesus Antonio. II. Vilar, Gustavo P.. III. Gusmão, Eduardo. IV. Franco, Deivison P. V. Grochocki, Luiz Rodrigo. VI. Série.

19-30674   CDU-343.9

Índices para catálogo sistemático:

1. Ciências forenses: Criminologia: Direito Penal 343.9

Maria Alice Ferreira – Bibliotecária – CRB-8/7964

1ª edição, 2020.

Foi feito o depósito legal.

Informamos que é de inteira responsabilidade dos autores a emissão de conceitos.

Nenhuma parte desta publicação poderá ser reproduzida por qualquer meio ou forma sem a prévia autorização da Editora InterSaberes.

A violação dos direitos autorais é crime estabelecido na Lei n. 9.610/1998 e punido pelo art. 184 do Código Penal.

---

intersaberes

Rua Clara Vendramin, 58
Mossunguê . CEP 81200-170
Curitiba . PR . Brasil
Fone: (41) 2106-4170
www.intersaberes.com
editora@intersaberes.com

Conselho editorial
— Dr. Alexandre Coutinho Pagliarini
— Drª. Elena Godoy
— Dr. Neri dos Santos
— Dr. Ulf Gregor Baranow

Editora-chefe
— Lindsay Azambuja

Gerente editorial
— Ariadne Nunes Wenger

Assistente editorial
— Daniela Viroli Pereira Pinto

Preparação de originais
— Mariana Bordignon

Edição de texto
— Arte e Texto

Capa
— Charles L. da Silva (design)
— Zadiraka Evgenii/Shutterstock (imagem)

Projeto gráfico
— Iná Trigo (design)
— father/Shutterstock (imagens)

Diagramação
— Cassiano Darela

Equipe de design
— Silvio Gabriel Spannenberg
— Mayra Yoshizawa

Iconografia
— Sandra Lopis da Silveira
— Regina Claudia Cruz Prestes

sumário

apresentação _____ 8
como aproveitar ao máximo este livro _____ 10

capítulo 1
Introdução às ciências forenses _____ 15
   1.1 O cativante mundo do cientista forense _____ 16
   1.2 Noções gerais sobre o local de crime _____ 22
   1.3 Procedimentos pré-investigativos: pensamentos paralelo e crítico _____ 24

capítulo 2
Reconhecendo vestígios _____ 30
   2.1 Percebendo vestígios _____ 32
   2.2 Preservar e isolar o quê? _____ 35
   2.3 Procedimentos preparatórios _____ 44

capítulo 3
Isolamento e fixação dos vestígios _____ 77
   3.1 Isolamento do local de crime e/ou do vestígio ____ 78
   3.2 Fixação do vestígio _____ 84

capítulo 4
Coleta, acondicionamento e transporte dos vestígios ___ 92
   4.1 Coleta, acondicionamento e transporte _____ 94
   4.2 Coleta de vestígios em medicina legal _____ 117
   4.3 Coleta de vestígios grafotécnicos e documentoscópicos _____ 133
   4.4 Coleta de vestígios de disparo de armas de fogo __ 134
   4.5 Coleta de vestígios de impressões dérmicas _____ 136
   4.6 Procedimento antes da liberação do local ou dos vestígios _____ 138
   4.7 Transporte do vestígio _____ 139

capítulo 5
Processamento, análise, armazenamento e descarte dos vestígios _____143
   5.1 Processamento e análise _____145
   5.2 Preservação e armazenamento _____155
   5.3 Descarte _____156

considerações finais _____164
referências _____165
respostas _____171
sobre os autores _____173

"Algo que aprendi em uma longa vida: toda nossa ciência, medida contra a realidade, é primitiva e infantil – e ainda assim, é a coisa mais preciosa que temos".

Albert Einstein

apresentação

Esta obra nasce com o objetivo principal de fornecer embasamento teórico para a formação técnico-profissional na área das ciências forenses. Nossa pretensão com este trabalho é agrupar os principais conceitos aplicados à atuação na área de criminalística e medicina legal.

Os fundamentos básicos doutrinários envolvidos desde o local de crime até a realização de exames em diferentes tipos de vestígios são apresentados em capítulos que seguem as fases da cadeia de custódia. Como elucidar questões jurídicas envolvendo vestígios materiais? Como a polícia científica transforma vestígio em evidência? O que é a cadeia de custódia e qual é sua importância para a qualidade da prova? Qual é o papel do perito oficial e do assistente técnico? Como determinar o tempo de morte de um cadáver? Como, por meio de uma mensagem de correio eletrônico, identificar os endereços de IP de servidores? Essas questões são apenas um pequeno exemplo dos temas fascinantes que serão abordados à frente.

No Capítulo 1, faremos uma introdução ao tema das ciências forenses, apresentando princípios relacionados à atividade da polícia científica e do cientista forense, além das funções do perito judicial e dos assistentes técnicos e noções gerais sobre os locais de crime. No Capítulo 2, trataremos do reconhecimento de vestígios, métodos e materiais para buscá-los, bem como dos procedimentos de segurança na busca destes. A questão do isolamento e da fixação dos vestígios será tratada no Capítulo 3, no qual apresentaremos métodos e procedimentos de isolamento e de fixação de vestígios, além das ferramentas necessárias a esses procedimentos. No Capítulo 4, traremos os princípios teóricos e práticos relacionados à atividade da polícia científica na coleta, no acondicionamento e no transporte de vestígios, além dos procedimentos necessários a essas atividades e a importância destas para a manutenção da cadeia de custódia. Por fim, no Capítulo 5, apresentaremos os métodos de processamento, análise, armazenamento e descarte de vestígios e noções de como estes se transformam em evidências.

Esta obra aborda um conteúdo geral sobre a polícia científica e proporciona uma visão sobre o papel de cada um dos atores que integram o grande universo da criminalística e da medicina legal, bem como sua abrangência e sua aplicabilidade jurídica. Com desenhos esquemáticos, análises de casos e uma linguagem didática e informal, buscamos tornar o livro uma obra ideal para ser utilizada na busca por mais conhecimento.

como aproveitar ao máximo este livro

Empregamos nesta obra recursos que visam enriquecer seu aprendizado, facilitar a compreensão dos conteúdos e tornar a leitura mais dinâmica. Conheça a seguir cada uma dessas ferramentas e saiba como elas estão distribuídas no decorrer deste livro para bem aproveitá-las.

Conteúdos do capítulo:
Logo na abertura do capítulo, relacionamos os conteúdos que nele serão abordados.

Após o estudo deste capítulo, você será capaz de:
Antes de iniciarmos nossa abordagem, listamos as habilidades trabalhadas no capítulo e os conhecimentos que você assimilará no decorrer do texto.

Estudo de caso

Nesta seção, relatamos situações reais ou fictícias que articulam a perspectiva teórica e o contexto prático da área de conhecimento ou do campo profissional em foco com o propósito de levá-lo a analisar tais problemáticas e a buscar soluções.

Síntese

Ao final de cada capítulo, relacionamos as principais informações nele abordadas a fim de que você avalie as conclusões a que chegou, confirmando-as ou redefinindo-as.

Para saber mais

Sugerimos a leitura de diferentes conteúdos digitais e impressos para que você aprofunde sua aprendizagem e siga buscando conhecimento.

Importante!

Algumas das informações centrais para a compreensão da obra aparecem nesta seção. Aproveite para refletir sobre os conteúdos apresentados.

Questões para revisão
Ao realizar estas atividades, você poderá rever os principais conceitos analisados. Ao final do livro, disponibilizamos as respostas às questões para a verificação de sua aprendizagem.

Questões para reflexão
Ao propor estas questões, pretendemos estimular sua reflexão crítica sobre temas que ampliam a discussão dos conteúdos tratados no capítulo, contemplando ideias e experiências que podem ser compartilhadas com seus pares.

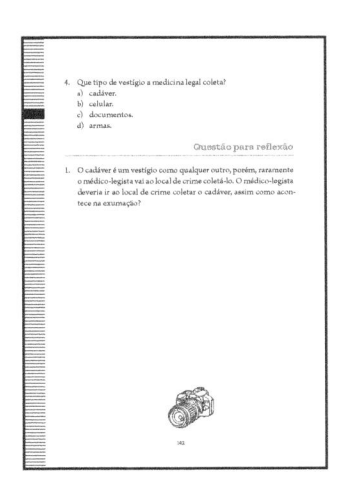

Consultando a legislação

Listamos e comentamos nesta seção os documentos legais que fundamentam a área de conhecimento, o campo profissional ou os temas tratados no capítulo para você consultar a legislação e se atualizar.

INTRODUÇÃO ÀS CIÊNCIAS FORENSES

Conteúdos do capítulo:
- Princípios teóricos e práticos sobre a atividade de polícia científica e do cientista forense.
- Função do perito judicial e dos assistentes técnicos.
- Noções gerais de locais de crime.

Após o estudo deste capítulo, você será capaz de:
1. ter noções gerais da transformação de vestígios em evidências;
2. exercitar o raciocínio do cientista forense;
3. identificar os atores por meio de conhecimento técnico-científico;
4. indicar a classificação dos locais de crime;
5. ter noções gerais sobre o local de crime;
6. fortalecer atitudes para atuar com isenção na análise de locais de crimes, reconhecendo sua importância no contexto do processo probatório.

1.1 O cativante mundo do cientista forense

A recente e crescente repercussão midiática do trabalho da perícia criminal, além de instigar o imaginário popular, tem mostrado outro lado de uma investigação: a sequência lógica de eventos (vestígios, evidências e provas) que conduzem ao criminoso. Se, por um lado, essa realidade, sobretudo em investigações de casos de grande repercussão, gerou benefícios à perícia criminal, chamando a atenção para a necessidade de aporte de recursos, treinamento e atualização tecnológica, por outro, trouxe consigo uma visão hollywoodiana do cotidiano da atuação da polícia científica.

Você já ouviu falar no "efeito CSI"? É uma denominação dada às consequências do surgimento e da popularização de séries de TV como *Crime Scene Investigation*, *CSI-Cyber*, *Mr. Robot*, *Bones*, *The Mentalist*, *Law & Order* e *Dexter*, que tratam de investigações criminais e acabaram por gerar grande expectativa sobre as ciências forenses. Entretanto, não há dúvida de que a televisão apresenta ao público uma visão artística de como perícia criminal é conduzida e o que ela é capaz ou não de realizar.

Apesar de muitos recursos e equipamentos mostrados nas séries serem possíveis de reproduzir em laboratórios forenses, há uma falsa percepção de tempo e de tecnologias nesse trabalho, que requer conhecimento técnico-científico complexo, profissionais treinados e equipamentos caros. Além disso, em virtude da carência de peritos criminais, há um acúmulo constante de trabalho a ser realizado.

As tecnologias para a perícia criminal estão cada vez mais avançadas; no entanto, ainda estão muito aquém do que nos é mostrado nas obras de ficção. Ademais, a mistura de policial, detetive e perito – interpretados como equipe investigativa – não condiz com o que, de fato, ocorre na vida real. Até mesmo porque toda profissão, por si só, é suficientemente complexa e têm seus métodos, exigindo capacitação e treinamento específicos. Dessa forma, por mais que um perito conheça os recursos de outras disciplinas, ele nunca será gabaritado em todas as áreas das ciências forenses.

Por outro lado, alguns documentários, como *Making a Murderer*, sobre a história de Steven Avery, que, após passar 18 anos preso, é inocentado pela prova pericial de genética forense, mostram a realidade e a importância do trabalho pericial.

Assemelhando-se a *Making a Murderer*, um documentário que mostra o risco trazido por provas subjetivas é *The Confession Tapes*. Nele, os vestígios de cenas de crimes são reavaliados sob a ótica das ciências forenses e confrontados com confissões de condenados que alegam que foram coagidos a confessar crimes.

Assim como existem erros no judiciário, nem tudo são flores nas ciências forenses. A série *Exhibit A – Provas Suspeitas*, mostra casos reais de inocentes que foram condenados pelo uso inadequado e subjetivo das ciências forenses.

Desmistificados alguns paradigmas e revistos alguns conceitos inerentes à carreira e à atuação do cientista forense, vamos adentrar nos componentes da perícia criminal e mostrar, da forma mais realista possível, seus elementos, atores e documentos técnicos.

A atividade pericial é regulada pela Lei n. 12.030, de 17 de setembro de 2009 (Brasil, 2009), pelo Código de Processo Penal (CPP) – Decreto-Lei n. 3.689, de 3 de outubro de 1941 (Brasil, 1941) – e pelo Código de Processo Civil (CPC) – Lei n. 10.105, de 16 de março de 2015 (Brasil, 2015). Neles, os peritos são classificados como auxiliares da justiça dotados de conhecimento especializado em determinada área, sujeitos à disciplina judiciária e aos mesmos impedimentos dos juízes.

No processo penal, prevalece o princípio da verdade real, em que o juiz tem o dever de investigar como os fatos se passaram na realidade. Já no processo civil prevalece a verdade formal, que emerge no processo, conforme os argumentos e as provas trazidas pelas partes.

É nesse cenário que todos os elementos da perícia criminal se fazem presentes – perito oficial criminal, perito judicial (ou auxiliar técnico da justiça), assistente técnico das partes –, consolidando o processo investigativo e subsidiando a decisão judicial.

1.1.1 Perito oficial criminal

Também denominado simplesmente *perito criminal*, é o profissional portador de diploma de curso superior, admitido por concurso público e pertencente aos quadros de pessoal dos Institutos de Criminalística e Medicina Legal e dos órgãos de polícia científica e afins, cujas atividades são regidas pela Lei n. 12.030/2009, que trata das perícias oficiais de natureza criminal.

O dispositivo legal da atuação do perito oficial está contido no art. 159 do CPP: "o exame de corpo de delito e outras perícias serão realizados por perito oficial, portador de diploma de curso superior" (Brasil, 1941). Ainda, na falta de órgão oficial de polícia científica, o parágrafo 1º prevê: "o exame será realizado por 2 (duas) pessoas idôneas, portadoras de diploma de curso superior preferencialmente na área específica, dentre as que tiverem habilitação técnica relacionada com a natureza do exame" (Brasil, 1941).

O perito criminal está principalmente a serviço da justiça, atuando como um especialista em encontrar provas técnicas, mediante análise científica de vestígios deixados na prática de delitos, cujas atividades podem ser classificadas como de grande complexidade, haja vista a responsabilidade e a formação especializada exigidas para o cargo.

Esse profissional age por requisição da autoridade judicial, do Ministério Público ou da autoridade policial, analisando o corpo de delito (objeto envolvido no delito), reconstituindo a dinâmica criminosa (para saber o que ocorreu), examinando o local onde ocorreu o delito e efetuando exames laboratoriais.

O perito criminal tem autonomia garantida pela Lei n. 12.030/2009, inexistindo qualquer subordinação funcional ou técnica em relação à autoridade requisitante. Assim, o perito oficial age tão somente quando requerido. Nesse sentido, em vários estados, a polícia científica, na qual estão lotados os peritos criminais, não faz mais parte da estrutura da polícia civil, tendo estrutura administrativa própria, numa tendência de assegurar a autonomia e a isenção pericial em todos os sentidos.

1.1.2 Perito judicial

Também conhecido como *auxiliar técnico da justiça*, é o especialista técnico, nomeado por um juiz, que opina sobre questões que lhe são submetidas, a fim de esclarecer fatos que o auxiliem a formar sua convicção e o subsidiem na elaboração de sua sentença.

Não é obrigatório que um magistrado tenha conhecimento técnico sobre informática, por exemplo; diante disso, ele pode convocar um profissional da área e o nomear perito judicial para elucidar questões a esse respeito, nas quais podem estar envolvidas pessoas físicas, jurídicas e até órgãos públicos.

O novo CPC, em seu art. 149, indica a figura do perito como sendo o auxiliar da justiça, e no art. 156 diz que "o juiz será assistido por perito quando a prova do fato depender de conhecimento técnico ou científico", determinando, no parágrafo 1º, que "os peritos serão nomeados entre os profissionais legalmente habilitados e os órgãos técnicos ou científicos devidamente inscritos em cadastro mantido pelo tribunal ao qual o juiz está vinculado" (Brasil, 2015).

É importante frisar que, quando se trata de perícia em documentos ou relativas à medicina legal, o art. 478 do CPC determina que o juiz deve, preferencialmente, escolher o perito de órgão oficiais da polícia científica.

Observamos, portanto, o claro intuito do legislador em disciplinar a atuação do perito judicial quando de sua nomeação, bem como deixar o desempenho de suas atividades o mais próximo possível das de um perito oficial, o que pode ser observado no parágrafo 3º do art. 473 do CPC:

> Para o desempenho de sua função, o perito e os assistentes técnicos podem valer-se de todos os meios necessários, ouvindo testemunhas, obtendo informações, solicitando documentos que estejam em poder da parte, de terceiros ou em repartições públicas, bem como instruir o laudo com planilhas, mapas, plantas, desenhos, fotografias ou outros elementos necessários ao esclarecimento do objeto da perícia. (Brasil, 2015)

Para se trabalhar como perito judicial, além de conhecimento técnico comprovado na área em que se pretende atuar, é necessário realizar cadastro junto ao tribunal de justiça (estadual ou federal) mais próximo, indicando habilidades e comprovando experiências. Com isso, o perito judicial pode ser nomeado toda vez que uma perícia judicial for solicitada por uma das partes interessadas ou no entendimento do magistrado, caso o processo não apresente os elementos suficientes capazes de convencer e, em decorrência disso, levar a um julgamento justo.

A perícia judicial objetiva levar aos autos do processo provas materiais ou científicas conseguidas por meio de diligências, ou seja, para provar a veracidade de situações e/ou fatos com base em exames, vistorias, indagações, investigações, mensurações, avaliações, certificações etc.

Em seguida, cabe ao perito emitir, da forma mais objetiva e clara possível, o laudo pericial, que é um documento técnico cujo objetivo é estabelecer uma certeza sobre determinados fatos, suas causas e efeitos. Nesse sentido, e como auxiliar da justiça, o perito judicial deve agir de forma honesta e imparcial na busca da verdade dos fatos, levando em consideração unicamente os aspectos técnicos e científicos na elaboração de seu laudo, de tal forma que os quesitos sejam atendidos e respondidos a contento, sob todas as possibilidades da perícia em questão.

1.1.3 Assistente técnico das partes

A figura do assistente técnico foi introduzida no ordenamento jurídico em 2008. A partir de então, as partes envolvidas em um processo passaram a poder contratar e indicar alguém – sob os mesmos critérios para o exercício da atividade pericial – que vai atuar após a apresentação do laudo oficial, dando seu parecer técnico a respeito da perícia realizada.

A função do assistente técnico é debater ciência com ciência, método científico com método científico, técnica com técnica, promovendo o olhar científico sobre o trabalho do perito.

Com uma atuação após a perícia, o assistente precisa ser indicado pelas partes dentro de 15 dias contados da nomeação do perito judicial, conforme estabelecido no inciso II, parágrafo 1º, do art. 465 do CPC. Além disso, e de acordo com o art. 475, tal qual o juiz, as partes também podem indicar mais de um assistente técnico, caso a perícia seja complexa e envolva mais de uma área de conhecimento especializado (Brasil, 2015).

Enquanto o perito oficial e/ou judicial tem obrigações de imparcialidade, diligência e presteza, o assistente técnico é nomeado pela parte e, portanto, não fica submetido aos mesmos compromissos, a não ser pela estrita observância da ética e da verdade. Dessa forma, o assistente técnico pode oferecer seus quesitos para serem respondidos quando da realização do exame pericial.

Cabe ressaltar que a participação do assistente técnico representa o princípio da ampla defesa e do contraditório. Para tanto, é imprescindível que ele participe de toda a produção da prova, auxiliando na elaboração de quesitos, bem como nas diligências periciais, e apresentando suas análises quando da elaboração do parecer técnico. Seu trabalho é, portanto, muito importante para a qualidade do resultado da perícia.

1.2 Noções gerais sobre o local de crime

O mestre Jesus Antonio Velho conceitua:

> o local de crime é o berço da criminalística. Uma série de análises periciais complementares nasce dos vestígios ali deixados, e o êxito final de todo o processo de investigação, muitas vezes, é determinado pelos procedimentos iniciais de preservação, documentação, processamento (e interpretação) dos locais de crime. (Velho, 2013)

Independentemente do crime praticado, é importante ter consciência de que, mais do que a morada dos vestígios, o local de crime é a fonte que alimenta a justiça com seus elementos materiais que se transformarão em prova. Desse modo, deve ser tratado como um objeto fragilíssimo, volátil e de alto valor agregado, que deve ser preservado e mantido em segurança.

É importante ressaltarmos que a noção geral sobre local de crime se aplica não só aos profissionais de segurança pública, mas também à população em geral. Afinal, entre a ocorrência do fato, a notícia do crime e o efetivo domínio sobre aquele importante ambiente, cabe à conscientização da sociedade e sua devida preservação.

Dada a importância do local de crime para a justiça, o escritório das Nações Unidas sobre Drogas e Crimes (UNODC) lançou a obra *Conscientização sobre o local de crime e as evidências materiais em especial para pessoal não forense* (UNODC, 2010), que traz uma série de orientações com o intuito de conscientizar a respeito da importância que uma cena de crime tem para a justiça.

O local de crime é o coração da criminalística. Em geral, é onde se inicia o trabalho da polícia científica e representa o berço de geração dos vestígios produzidos no fato em apuração. Dessa forma, para fins didáticos, podemos dizer que local de crime, local do fato ou cena do crime é toda porção do espaço que tenha vestígios de um delito, incluindo aqueles gerados antes, durante e depois da execução dos fatos em análise. Neste contexto, por exemplo, o local onde um vírus de computador foi criado (lugar do planejamento do crime) e o local onde o vírus foi disseminado (lugar afetado e comprometido) – estão compreendidos na ampla definição de local de crime.

Ainda de forma didática, o local de crime pode ser classificado quanto à região de ocorrência, à natureza e características do fato, bem como quanto ao seu isolamento e sua preservação. Porém, nunca se esgotam as possibilidades de novas classificações diante da dinamicidade do vestígio.

A classificação quanto ao isolamento e à preservação do local é uma das mais importantes e utilizadas, pois vai dizer se o local de crime estava idôneo ou inidôneo.

Após conscientizar-se da importância do local de crime para a justiça, o profissional de segurança pública deve seguir rigorosamente as diretrizes sobre cadeia de custódia elencadas na Portaria n. 82, de 16 de julho de 2014 (Brasil, 2014), publicada pela Secretaria Nacional de Segurança Pública do Ministério da Justiça. Tal dispositivo estabelece as diretrizes sobre os procedimentos a serem observados no tocante à cadeia de custódia de vestígios, detalhando de forma didática as fases desse procedimento, que confere confiabilidade ao vestígio e garante a qualidade da prova.

Neste livro, vamos detalhar todas as fases da cadeia de custódia como instrumento *sine qua non* de atuação da investigação e da perícia.

Nos tópicos subsequentes, você terá noções gerais de procedimentos, técnicas e providências mínimas que devem ser adotadas em um local de crime, desde o reconhecimento até o descarte do vestígio.

1.3 Procedimentos pré-investigativos: pensamentos paralelo e crítico

O local de crime contém diversas informações, sejam objetivas, sejam subjetivas, as quais podem responder a perguntas sobre o que, quem, como, quando e por que de um fato delituoso, além de terem graus de latência explícitas, ou não, ao olhar pericial.

Os operadores do direito – juízes, promotores e advogados – vinculados a um caso em investigação não têm acesso à cena de crime. Eles dependem do olhar científico e da reconstituição da dinâmica delitiva feita pelo perito.

A volatilidade e a fragilidade dos vestígios exigem muito cuidado e planejamento da abordagem de uma cena de crime, além de todos os recursos materiais, o profissional que atua em cenas de crimes deve utilizar algumas ferramentas mentais essenciais para o bom desempenho do seu trabalho.

Nesta obra, vamos focar nos pensamentos crítico e paralelo, itens que jamais poderão ser esquecidos no fundo da maleta, pois são tão essenciais quanto uma máquina fotográfica, uma prancheta, uma lupa ou uma trena.

O pensamento crítico compõe uma fase anterior a qualquer ato de escrita do relatório ou laudo, não podendo ser confundido com mero ato opinativo.

Importante

Pensar de forma crítica envolve referencial histórico, clareza, hipóteses sólidas, rigor científico, visão holística, sistêmica, eslética e transdisciplinar com base nos vestígios.

Uma análise crítica errônea, sem fundamentos e com hipóteses mal formuladas, pode levar o profissional a caminhos que não resolvem o caso nem esclarecem a dinâmica, a autoria e a materialidade do delito.

O primeiro procedimento a ser adotado pelo profissional que vai atuar na cena de crime é **ter a mente aberta**. Não existe um ponto de vista certo, você pode estar sempre certo ou sempre errado (Arden, 2008). Ter a mente aberta significa aceitar a eslética que permeia um local de crime. Com isso, o dogma, o convencional, o popular, devem ficar de lado nesse primeiro procedimento.

Ressaltamos aqui a sabedoria de Nilton Bonder, ao afirmar que: "Legitimar a consciência da ignorância como parte do patrimônio do saber é fundamental a qualquer tipo de pesquisa" (Bonder, 1995). Assim, fazer análise crítica é confrontar a memória cristalizada com a memória dinâmica sob a ótica da cena do crime.

O segundo procedimento básico é manter o **olhar cético** perante os vestígios e a cena do crime. Por isso, antes de qualquer tomada de decisão, é preciso esgotar todas as hipóteses, seguir a causa e o efeito. O profissional de ciências forenses não pode ser supersticioso, trabalhar com a sorte ou com falácias. Coincidências podem acontecer, mas estão longe de ser instrumentos de resoluções de crime.

O terceiro procedimento básico é ser um **pensador crítico**, capaz de reconhecer falácias e a idoneidade de um vestígio. A aparência engana e pode induzir ao raciocínio errado. Assim, o profissional deve estar atento para não recair na falácia da falácia, pois é possível que os próprios argumentos, quando mal formulados, contrariem a verdade. Dessa forma, é preciso ter cautela, tendo em vista que dados estatísticos podem estar incompletos ou com amostragem deficitária.

O quarto procedimento básico é **buscar bons referenciais históricos** para formar sua logoteca (conjunto de cenas, palavras, casos que formam referenciais de cada indivíduo). Lembre-se de que, assim como o método científico, o exercício de análise crítica também depende de validação.

É importante ressaltarmos que o conhecimento científico se ergue sobre si mesmo de forma cumulativa. Tenha sempre como referência o conhecimento de alta credibilidade, mas sem perder de vista que as informações não científicas também podem ser úteis.

O quinto procedimento básico é o **pensamento lateral**, no qual se busca resolver problemas através do emprego de raciocínio não óbvio, com uma abordagem indireta e criativa de ideias que não são tradicionalmente obtidas no processo lógico convencional (Cruz, 2000, p. 280).

Por fim, o último procedimento básico é **ser honesto intelectualmente**. Todos os vestígios devem ser valorados, sendo eles a favor ou contra a hipótese levantada sobre o fato criminoso. Valorizar a divergência e fomentar o debate mental é fundamental para alcançar a verdade e a justiça.

Estudo de caso

A polícia foi acionada para atender a uma ocorrência de um suposto suicídio dentro de uma residência.

Chegando ao local, constatou que a vítima era a moradora. Pediu, então, informações aos profissionais que prestaram socorro à vítima. Eles informaram que a vítima morreu de infarto, não de suicídio.

No computador da vítima, a polícia encontrou uma carta de despedida apontando a motivação do suicídio.

Tudo levava a crer que a vítima não tinha conseguido concluir seu plano de suicídio, pois tinha morrido de infarto antes.

Foi acionada a polícia científica, a qual encaminhou peritos especialistas em crimes contra pessoa. No levantamento de local, não foi encontrado nenhum elemento de violência nem de suicídio.

Os peritos recolheram inúmeros vestígios, entre eles o computador da vítima, que foi encaminhado aos peritos de computação forense, e o cadáver, que foi encaminhado aos peritos de medicina legal.

No computador, foi possível constatar, pela análise forense, que a carta de suicídio não foi redigida pela vítima, mas sim inserida remotamente na máquina.

O médico-legista encontrou no corpo da vítima um dispositivo implantável do tipo marca-passo e prontamente encaminhou aos peritos de computação forense para análise de possíveis vestígios que apontassem a *causa mortis* e a autoria.

Na análise do marca-passo, foi constatado que o equipamento foi acessado remotamente via rede sem fio e os parâmetros eletrônicos foram alterados para que o coração parasse de bater.

Pela perícia de computação forense, foi possível identificar o autor da carta e da alteração nos parâmetros do marca-passo. Assim, o que parecia ser apenas um infarto se tornou um homicídio em razão da materialidade dada pela análise do cientista forense.

Com este estudo de caso, é possível observar a importância da polícia científica na busca pela verdade e justiça, bem como do olhar atento de todos os profissionais para preservar e coletar o maior número de vestígios possíveis.

Síntese

Neste capítulo, trouxemos evidências de que, usando as ciências forenses, a justiça é capaz de tirar a venda do subjetivismo e enxergar cientificamente a dinâmica de um crime.

Nosso objetivo foi demonstrar que os profissionais que lidam com locais de crime ou busca apreensão de vestígios devem sempre fazer análise crítica e ter um pensamento paralelo, alongando o olhar para além do óbvio e simples.

Duvidar é inerente ao raciocínio do cientista forense. Ao encontrar uma hipótese, ele deve esgotar todas as outras para que aquela que encontrou seja probabilisticamente a mais próxima da verdade.

Não existe verdade absoluta; por isso, antes de qualquer tomada de decisão, o profissional deve esgotar todas as opções, seguindo a causa e o efeito. Nas ciências forenses, não se pode ser supersticioso, trabalhar com a sorte ou com falácias. Coincidências podem acontecer, mas estão longe de ser instrumentos de resoluções de crime.

Por fim, neste capítulo, além de exercitar o raciocínio forense, você pôde adquirir noções gerais do local de crime e conhecer sua classificação.

Nos próximos capítulos, vamos tratar das fases da cadeia de custódia, que se iniciam com o reconhecimento e se encerram com o descarte do vestígio.

Questões para revisão

1. Qual é a importância da polícia científica e do cientista forense para a busca da verdade e da justiça? O método científico torna a prova mais democrática e objetiva, minimizando a subjetividade e evitando injustiças?

2. Qual é a diferença entre perito oficial criminal, perito judicial e assistente técnico das partes?

3. Quando falamos em ciências forenses sempre existe uma verdade absoluta.

Essa afirmação é:

( ) Verdadeira ( ) Falsa

4. Qual dos elementos a seguir **não** faz parte do triângulo dos vestígios?
   a) Local.
   b) Vítima.
   c) Suspeito.
   d) Evidência.

5. Ao encontrar uma hipótese, o cientista forense deve desprezar todas outras e empreender todos esforços para validar a encontrada.

   Essa afirmação é:

   ( ) Verdadeira ( ) Falsa

Questão para reflexão

1. Qual é a importância dos elementos pré-investigativos?

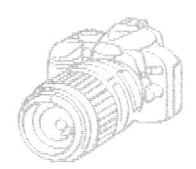

RECONHECENDO VESTÍGIOS

Conteúdos do capítulo:
– Princípios teóricos e práticos sobre a atividade de polícia científica no reconhecimento de vestígios.
– Métodos de buscas de vestígios.
– Procedimentos de segurança.
– Materiais básicos para iniciar buscas por vestígios.
– Uso de luz forense.

Após o estudo deste capítulo, você será capaz de:
1. ter noções gerais da transformação de vestígios em evidências;
2. exercitar formas de percepção de vestígios;
3. indicar os procedimentos de segurança e busca de vestígios;
4. fazer a classificação dos vestígios;
5. identificar os principais conceitos que suportam a investigação técnico-científica em locais de crime, bem como analisar a inter-relação entre a perícia de local e as demais áreas da perícia criminal;
6. exercitar/desenvolver habilidades para utilizar os conceitos relacionados à busca e à documentação de vestígios no exercício profissional.

2.1 Percebendo vestígios

Uma das características mais importantes e valorizadas do cientista forense é a capacidade de percepção, pois está diretamente ligada à atenção humana seletiva.

Cada cientista tem sua forma individualizada de perceber, entender, sentir e imaginar, sendo a neurociência e a ciência cognitiva suas grandes aliadas.

O conhecimento tem uma sequência lógica, em que se concebe, se percebe e se conscientiza. Porém, cada indivíduo tem uma perspectiva do sistema não linear.

O conceito de percepção está calcado na origem latina *perceptione*, que significa o ato ou a capacidade de perceber, enxergar, ver, ouvir, sentir.

Didaticamente, a percepção é dividida em sensorial (visual, auditiva, táctil, olfativa, gustativa) e extrassensorial (telepatia, clarividência e premonição).

A percepção sensorial decorre diretamente da capacidade de captar, por meio dos sentidos humanos, os sinais exteriores, processá-los e transformá-los em conhecimento. Já a percepção extrassensorial decorre da capacidade de perceber por meios que a ciência ainda não conseguiu explicar cientificamente.

O uso da percepção extrassensorial em cenas de crime ganhou notoriedade com a parapsicológa Sally Headding, que foi à televisão contar como ajudava a polícia a resolver crimes hediondos (Frutuoso, 2009).

No Brasil, a revista *Superinteressante* relatou um dos casos mais emblemáticos envolvendo parapsicologia aplicada a crimes:

> No Brasil, a relação entre médiuns e Justiça tem características muito particulares e envolveu até o mais conhecido espírita do país, Chico Xavier. Em 1976, um caso de assassinato em Goiânia seria um bom enredo para filme de ficção. José Divino Nunes,

então com 18 anos, foi acusado de matar seu amigo de infância, Maurício Garcez Henrique, com um tiro no peito. O processo contra José Divino corria na Justiça havia dois anos quando os pais da vítima receberam uma carta psicografada por Chico Xavier, de autoria de Maurício. O texto inocentava o amigo e dizia que o morto estava muito incomodado com a acusação contra José. "Fui eu mesmo quem começou a lidar com a arma", afirma a carta, que dava detalhes da cena do crime. Também mandava lembranças à família por meio de Xavier, que morava em Minas e não conhecia o caso. O que chamou a atenção de todos os jurados foi a assinatura da carta, semelhante à do assassinado. Numa decisão inédita no país, o documento foi incluído no processo e José Divino, inocentado. (Cararo, 2016)

A ciência forense só trabalha a percepção sensorial por meio de métodos cientificamente aferidos, mas não afasta qualquer tipo de método que possa a vir um dia ser comprovado pela ciência. Apesar de o *feeling* do cientista forense ser importante, simplesmente pela ausência de método científico válido, a ciência forense não utiliza nem deve utilizar, sem validação científica, métodos extrassensoriais.

A percepção sensorial pura ou usando instrumentos forenses auxiliares é fundamental para o reconhecimento de vestígios.

A percepção visual é uma das mais importantes, sendo conceituada como a capacidade de perceber vestígios utilizando estímulos visuais (por exemplo, quando o perito em um local de crime consegue enxergar uma gota de sangue no solo).

A percepção olfativa também auxilia significativamente no reconhecimento de vestígios. É a capacidade de sentir o cheiro do vestígio. Por exemplo, quando o perito chega a um local de crime e consegue sentir o cheiro de combustível, pólvora, sangue ou de um componente eletrônico que sofreu curto-circuito.

A percepção tátil também é muito utilizada para definir texturas, sendo conceituada como a capacidade de sentir um vestígio pelo tato. É muito utilizada em documentoscopia para perceber a textura e a gramatura de documentos. A seguir, veja a orientação do Banco Central do Brasil (BCB, 2019) para constatar pelo tato se uma cédula real é falsa ou verdadeira.

> 4. Sinta com os dedos o papel e a impressão.
> - Papel legítimo é menos liso que o papel comum.
> - A impressão apresenta relevo na figura da República (efígie), onde está escrito "BANCO CENTRAL DO BRASIL" e nos números do valor da cédula da Primeira Família.
>
> [...]
>
> 4. Sinta o Alto-Relevo.
>
> Pelo tato, você sente o relevo em algumas áreas da nota da Segunda Família. Na frente:
> - Na legenda "REPÚBLICA FEDERATIVA DO BRASIL";
> - No numeral do canto inferior esquerdo;
> - No numeral do canto superior direito (somente nas notas de 50 e 100 reais);
> - Nas extremidades laterais da nota.
>
> No verso (somente nas notas de 20, 50 e 100 reais):
> Na legenda "BANCO CENTRAL DO BRASIL";
> - Na figura do animal;
> - No numeral.

Podemos citar também a percepção auditiva, que pode ser conceituada como a capacidade de reconhecer vestígios pela audição. Por exemplo, quando o perito ouve, em um local de crime, o vazamento de líquido ou mesmo um projétil dentro de um estepe veicular.

Por fim, tratamos da percepção gustativa, conceituada como a capacidade de reconhecer vestígios pelo paladar. Quando mencionamos essa capacidade, vem logo à mente a cena clássica de filmes policiais antigos quando o policial colocava uma porção de cocaína na língua para constatar se era droga ou não. Isso não é aceitável atualmente, justamente pelo risco que tal procedimento oferece à saúde. Por isso, os métodos de percepção olfativa e gustativa devem ser usados em casos que não ofereçam risco à saúde e à segurança do profissional.

2.2 Preservar e isolar o quê?

No Brasil, o Código de Processo Penal (CPP) – Decreto-Lei n. 3.689, de 3 de outubro de 1941 (Brasil, 1941) – é o instrumento legal destinado a organizar a justiça penal, detalhando procedimentos a serem seguidos para a aplicação da lei.

Quando uma infração deixa vestígios, é indispensável realizar o exame de corpo de delito. De acordo com os arts. 6º, inciso I, e 169 do CPP, essa é a primeira providência a ser tomada:

> Art. 6º Logo que tiver conhecimento da prática da infração penal, a autoridade policial deverá:
> I – dirigir-se ao local, providenciando para que não se alterem o estado e conservação das coisas, até a chegada dos peritos criminais;
> [...]
> Art. 169. Para o efeito de exame do local onde houver sido praticada a infração, a autoridade providenciará imediatamente para que **não se altere o estado das coisas** até a chegada dos peritos, que poderão instruir seus laudos com fotografias, desenhos ou esquemas elucidativos. (Brasil, 1941, grifo nosso)

No mesmo sentido, o Código de Processo Penal Militar (CPPM) – Decreto-Lei n. 1.002, de 21 de outubro de 1969 (Brasil, 1969), no art. 12, impõe medida preliminar a ser adotada ao se deparar com infração penal militar. Vejamos:

> Art. 12. Logo que tiver conhecimento da prática de infração penal militar, verificável na ocasião, a autoridade a que se refere o § 2º do art. 10 deverá, se possível:
> a) dirigir-se ao local, providenciando para que se **não alterem o estado e a situação das coisas**, enquanto necessário;
> b) apreender os instrumentos e todos os objetos que tenham relação com o fato; [...]. (Brasil, 1969, grifo nosso)

Seguindo os procedimentos da legislação pátria, a Polícia Militar do Paraná publicou a Diretriz n. 003, de 28 de outubro de 2014 com a finalidade de "Normatizar os procedimentos a serem adotados em locais de crime que demandam preservação para realização de exames periciais, envolvendo ou não vítimas fatais, assim como em caso de necessidade de socorro de vítimas de confronto [...]" (Paraná, 2014). Vejamos o que diz a normatização:

> A autoridade ou agente policial que primeiro chegar a um local de crime ou de sinistro deve, inicialmente, observar aspectos de segurança e, se necessário, socorrer vítimas. Em seguida, deve **isolar e preservar** adequadamente a área onde ocorreu o fato e, se possível, as cercanias, até a chegada dos peritos criminais e a conclusão dos levantamentos periciais [...]. (Paraná, 2014, grifo nosso)

No mesmo sentido, a Resolução n. 382, de 1º de setembro de 1999 (São Paulo, 1999), da Secretaria de Segurança Pública de São Paulo, prevê que o policial militar, ao atender um local de crime, deverá isolar e preservar adequadamente a área imediata e, se possível, a mediata, cuidando para que não ocorram, salvo os casos previstos em lei, modificações por sua iniciativa, impedindo o acesso de qualquer pessoa, mesmo familiares da vítima ou outros policiais que não façam parte da equipe especializada.

A Resolução n. 382/1999 determina, ainda, que se deve preservar o local, não lhe alterando a forma em nenhuma hipótese, incluindo (São Paulo, 1999):

- não mexer em absolutamente nada que componha a cena do crime, em especial não retirando, colocando ou modificando a posição do que quer que seja;
- não revirar os bolsos das vestes do cadáver, quando houver;
- não recolher pertences;
- não mexer nos instrumentos do crime, principalmente armas;
- não tocar no cadáver, principalmente não movê-lo de sua posição original;
- não tocar nos objetos que estão sob guarda;
- não realizar a identificação do cadáver, a qual ficará a cargo da perícia;
- não fumar nem comer ou beber nada na cena do crime;
- em locais internos, não usar o telefone, sanitário ou lavatório eventualmente existentes;
- em locais internos, manter portas, janelas, mobiliário, eletrodomésticos, utensílios tais como foram encontrados, não os abrindo ou fechando, não os ligando ou desligando, salvo o estritamente necessário para conter risco eventualmente existente;
- tomar o cuidado de afastar animais soltos, principalmente em locais externos e, em especial, onde houver cadáver.

Como constatamos, tanto os Códigos de Processo Penal Civil e Militar como as diretrizes e normas destinadas aos profissionais de segurança pública exaradas pelas instituições policiais fazem referência ao dever de preservar e isolar o local do crime.

Geralmente, o policial militar é o primeiro profissional de segurança pública (*first responder*) a comparecer ao local do crime, acionado por populares ou familiares que tomam conhecimento do incidente delituoso.

Como vimos, segundo a Diretriz n. 003/2014 da Polícia Militar do Paraná, o agente policial que primeiro chegar ao local do crime deve observar os aspectos de segurança, socorrer as vítimas e, em seguida, **isolar e preservar** adequadamente a área onde ocorreu o fato. Assim, as primeiras questões que podem surgir são: **Não alterar o estado de quais coisas? Isolar e preservar o quê?**

Desses questionamentos decorre a lógica: **ninguém pode isolar aquilo que não conhece**.

É justamente em virtude dessas perguntas que a Portaria n. 82, de 16 de julho de 2014 (Brasil, 2014), da Secretaria Nacional de Segurança Pública (Senasp), determina que tudo em um local de crime ou busca e apreensão se inicia com o reconhecimento do vestígio.

De acordo com esse documento, o reconhecimento "consiste no ato de distinguir um elemento como de potencial interesse para a produção da prova pericial" (Brasil, 2014).

O início da cadeia de custódia está justamente no ato do agente público, que tem a capacidade de detectar a existência de um vestígio no local de crime.

Portanto, antes de qualquer procedimento, o profissional deve ser capaz de reconhecer/identificar/enxergar um vestígio para cumprir a lei, isolando-o e preservando-o.

Importante

Vestígio é "todo e qualquer sinal, marca, objeto, situação fática ou ente concreto sensível, potencialmente relacionado a uma pessoa ou a um evento de relevância penal, e/ou presente em um local de crime" (Dias Filho, 2009). Em outras palavras, **vestígio** compreende todo material bruto que se encontre no local de crime ou corpo de delito e que seja de interesse para a elucidação dos fatos.

Após detectar um elemento como de potencial interesse para a produção da prova, o agente público fica responsável por seu isolamento e sua preservação.

Se o primeiro passo no local de crime é reconhecer elementos como de potencial interesse e assumir a responsabilidade sobre eles, então surge outra questão: O agente está preparado para reconhecer um vestígio?

Para responder a essa pergunta, invocamos a sabedoria de Jesus Antonio Velho, que leciona: "sempre existem muitos vestígios, muitos detalhes que atraem a atenção dos investigadores e dos peritos [...]. [...] um grande problema em cenas de crime é determinar o vínculo entre os diversos elementos materiais presentes na cena e sua relação com os fatos" (Velho, 2013).

Estar preparado para reconhecer um vestígio é estar preparado para lidar com a complexidade, a diversidade, a transdisciplinaridade e a eslética. É saber diferenciar vestígios ilusórios, forjados e verdadeiros. É saber fazer análise crítica, pensamento paralelo. É conseguir visualizar que, em um local de crime, existem a área imediata, a mediata e a relacionada.

O grande desafio do profissional que atua em locais de crime é conseguir estabelecer relação entre os vestígios encontrados e a dinâmica dos fatos. Imagine um perito chegando a uma cena de crime e Tendo que informar quais elementos ali presentes estão relacionados ao fato que se investiga. Essa é uma questão crucial. Por isso, foi estabelecida uma classificação dos vestígios em relação ao fato:

- **Vestígios ilusórios** – Apresentam-se desde o início das investigações como muito importantes e levam o investigador a perder muito tempo para estudá-los e, ao final, concluir que não têm relação com o fato.
- **Vestígios forjados** – São aqueles que o autor do crime prepara com o objetivo de desviar a atenção da investigação e conduzi-la a uma direção contrária aos fatos.

- **Vestígios verdadeiros** – Têm relação com os fatos em investigação por serem resultado da ação ou da omissão do autor e cuja interpretação correta pode levar à elucidação do crime.

A Figura 2.1, a seguir, ilustra um exemplo para entendermos melhor essa classificação.

Figura 2.1 – Classificação dos vestígios quanto ao tipo

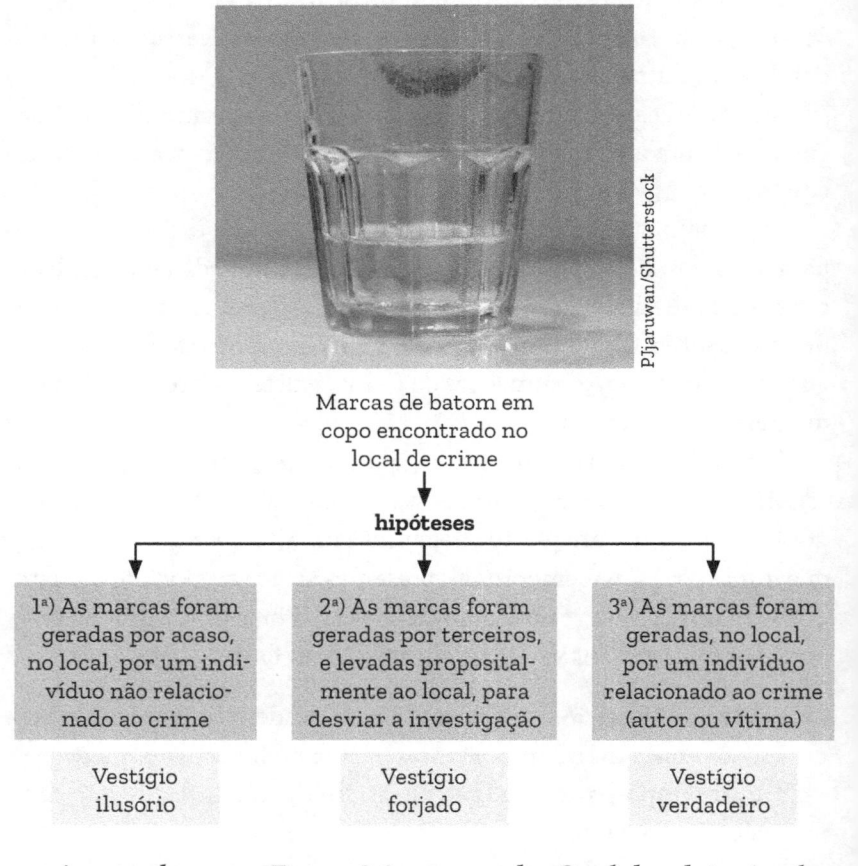

Marcas de batom em copo encontrado no local de crime

hipóteses

1ª) As marcas foram geradas por acaso, no local, por um indivíduo não relacionado ao crime

Vestígio ilusório

2ª) As marcas foram geradas por terceiros, e levadas propositalmente ao local, para desviar a investigação

Vestígio forjado

3ª) As marcas foram geradas, no local, por um indivíduo relacionado ao crime (autor ou vítima)

Vestígio verdadeiro

Agora, observe a Figura 2.2 e responda: Qual dos dois círculos escuros é maior?

Figura 2.2 – Vestígio ilusório

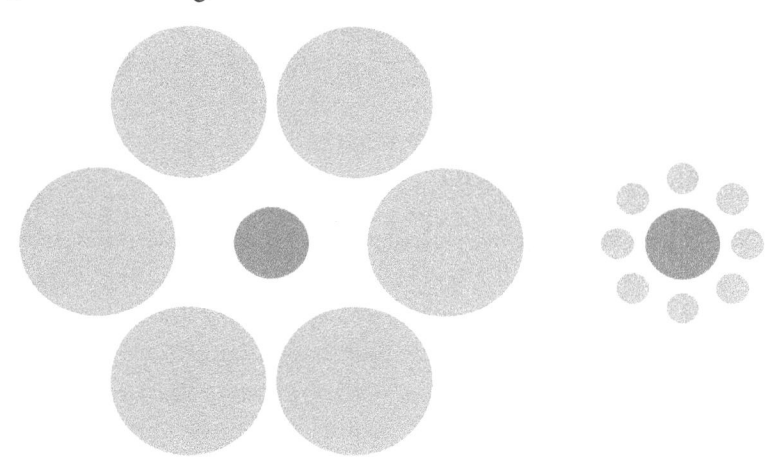

Após observar atentamente a Figura 2.2, o profissional deve ser capaz de concluir que se trata de um exemplo clássico de vestígio ilusório, o qual demanda atenção redobrada. Os círculos mais escuros têm o mesmo tamanho. Na imagem da esquerda, porém, ele parece menor em razão dos círculos mais claros maiores em volta dele; já ao lado, os círculos mais claros são menores. Diante de tal comparação, nosso cérebro interpreta, erroneamente, os círculos mais escuros como tendo tamanhos diferentes.

Esse simples exercício de ilusão de óptica mostra que, provavelmente, o agente não estará preparado para reconhecer um vestígio, tendo em vista que seu cérebro pode se enganar em determinadas interpretações. É fundamental, portanto, que o agente esteja em constante aperfeiçoamento diante da necessidade de construção do conhecimento diário.

Reconhecer um vestígio na cena de crime exige exercício de construção do conhecimento em tempo real utilizando referenciais históricos, muito raciocino lógico e preparo técnico.

Em um local de crime, pode existir uma grande variedade de vestígios (biológicos, químicos, físicos, cibernéticos etc.), cada um com suas particularidades. Entender essas particularidades é um elemento-chave para garantir a integridade e, consequentemente, as características probatórias da prova material até a apresentação em uma corte judicial.

Para melhor exemplificar, reproduzimos na integra os ensinamentos de Alberi Espindula (2013) que sabiamente leciona:

> apesar do termo "visualização" em seu sentido puro não ser totalmente aplicado ao tema, devemos esclarecer que para o caso específico é o que melhor se aplica, uma vez que se trata de orientação ao primeiro profissional de segurança pública que está atendendo ao local. Por não ter a missão de completamente "enxergar" o vestígio, deve tornar visível pelos procedimentos aqui orientados, formando, assim, uma imagem visual mental de todo o ambiente. Portanto, a partir do ato de enxergar diretamente algum vestígio maior (cadáver, p.ex.) você deve – por raciocínio indutivo – "visualizar" outros prováveis e, assim, ter mais segurança para corretamente delimitar (isolar) a área. Um vestígio é um elemento material, todavia é de uma multiplicidade de formas e tamanhos que acaba dificultando a observação por quem não está acostumado a manuseá-lo.

De forma didática, o autor complementa a explicação dando dois exemplos frequentemente encontrados em locais de crime:

> a) Se tivermos um cadáver no local, será que esse vestígio você enxergaria de imediato? Sim e não! Se a área for aberta e sem grandes obstáculos em sua topografia, sim. Mas se o cadáver estiver dentro de um terreno acidentado ou com vegetação alta, certamente você não o enxergará quando descer da viatura na via pública. Veja nesse exemplo, que a dificuldade em enxergar o cadáver, agregará um maior risco – inclusive – de comprometer outros vestígios na entrada do local, já que não terá o ponto definido no centro da área para onde deva se deslocar.

b) Mas e uma marca de pegada na área de concentração dos vestígios? Será que você a enxergaria com facilidade!? Mesmo estando muito próximo dela, em muitas circunstâncias você terá enormes dificuldades para vê-la. E, não a vendo, pode – inadvertidamente – estar pisando por sobre ela! (Espindula, 2013)

Segundo o mestre, no primeiro exemplo, é relativamente mais fácil enxergar a prova material, bastando ter um pouco de cuidado. Porém, o segundo caso é mais complexo e demanda pensamento paralelo e indutivo para alcançar as prováveis possibilidades sobre a presença real de vestígios que não se apresentam diretamente aos olhos do profissional.

Cada local de crime tem suas particularidades, sendo, portanto, único. Isso exige do profissional sempre um olhar muito além daquilo que se espera enxergar.

Além de ser capaz de detectar o vestígio, o agente precisa apontar a relação dele com seu autor, o que, de forma didática, pode ser feito classificando o vestígio em *absoluto* ou *relativo*.

Os **vestígios absolutos** são aqueles que permitem que se estabeleça relação absoluta, direta com seu autor ou com a vítima, como a impressão digital, a escrita ou o material genético contido em vestígios biológicos. Nesse caso, quem deixou tais vestígios no local deixou também uma parte identificável de si mesmo.

Já os **vestígios relativos** são aqueles que não guardam relação absoluta, identificável de pronto com seu autor. No caso de uma pegada, por exemplo, ela poderá indicar um grupo de suspeitos, mas não seu autor.

Os vestígios relativos podem auxiliar a identificar um único suspeito dependendo da quantidade de informações às quais eles se somam. Dizemos que, se temos vestígios relativos suficientes e vamos cruzando os dados, reduzindo sempre o número de suspeitos, podemos individualizá-lo.

Um exemplo de classificação dos vestígios quanto à relação que estabelece com o autor de um crime é um tênis deixado no local durante a fuga. O objeto é um vestígio relativo, mas as células epiteliais com o DNA do dono, porventura existentes na palmilha do tênis, representam um vestígio absoluto.

2.3 Procedimentos preparatórios

A partir do acionamento/da designação, o perito deve adotar todas as providências necessárias para o atendimento da solicitação, o que inclui verificar se possui Todos os materiais necessários para tal. O prejuízo no atendimento de um local sem os equipamentos e materiais necessários é facilmente entendido quando pensamos na possível perda de vestígios por falta de equipamentos ou materiais de coleta. Reunir todos os recursos materiais e humanos necessários ao atendimento consiste na etapa de preparação.

2.3.1 Procedimentos de segurança, emergências médicas e variáveis externas

A fase de reconhecimento é tão importante que exige do profissional capacidade de reconhecer a necessidade de procedimentos de segurança, emergências médicas e variáveis externas.

O reconhecimento de uma cena de crime deve ser feito de forma planejada, visando reduzir o risco para si e para a população. Deve-se estar atento a vestígios que contenham materiais químicos, bacteriológicos, radiológicos ou nucleares (conhecidos pela sigla QBRN), os quais podem colocar em risco toda a equipe e a população.

Locais de crime envolvendo QBRN não são raros, pois esses materiais são comuns em acidentes de trânsitos e laboratórios de refino de drogas.

Realizar o reconhecimento demanda atenção constante às variáveis externas, que podem ser populares curiosos, imprensa, condições climáticas e mesmo o próprio criminoso, que, por qualquer motivo, permanece no local do crime.

As emergências médicas também são frequentes, sendo importante que o profissional saiba reconhecê-las e tratá-las com prioridade.

A Lei n. 5.970, de 11 de dezembro de 1973, resguarda a ação do profissional que identifica uma emergência médica ou mesmo que precisa realizar um procedimento de segurança:

> Art 1º Em caso de acidente de trânsito, a autoridade ou agente policial que primeiro tomar conhecimento do fato poderá autorizar, independentemente de exame do local, a imediata remoção das pessoas que tenham sofrido lesão, bem como dos veículos nele envolvidos, se estiverem no leito da via pública e prejudicarem o tráfego.
>
> Parágrafo único. Para autorizar a remoção, a autoridade ou agente policial lavrará boletim da ocorrência, nele consignado o fato, as testemunhas que o presenciaram e todas as demais circunstâncias necessárias ao esclarecimento da verdade. (Brasil, 1973)

Locais de crimes que não sofreram influência de agentes externos são raríssimos e ocorrem em ambientes hermeticamente fechados. Em locais ao ar livre, as intempéries, por si sós, já comprometem o estado dos vestígios.

Por isso, a lei permite que a cena do crime seja alterada para providenciar atendimento médico para uma vítima ou quando a ação para garantir a segurança humana é necessária, como a extinção de um incêndio ou a neutralização de um artefato explosivo, devendo, porém, ser devidamente relatada e registrada pelo profissional que realizou ou autorizou a intervenção.

2.3.2 Materiais básicos para os exames periciais de locais de crime

Inúmeros materiais são básicos e podem ser utilizados na maioria das cenas de crime, como um conjunto diversificado de embalagens, envelopes, frascos e caixas de diversos tamanhos e materiais para a coleta de vestígios porventura encontrados no local, visando aos adequados acondicionamento, preservação e transporte. Veja, no Quadro 2.1, um *checklist* de materiais básicos.

Quadro 2.1 – Relação de materiais básicos para o processamento de locais de crime

Material para registro e documentação do local
Aparelho de GPS (e/ou bússola)
Balança de mão (portátil)
Caixas montáveis de papelão rígido
Caneta, lápis, borracha
Canetas para escrever em diferentes suportes (vidro, plástico etc.)
Detector de metais
Dispositivo de armazenamento tipo pen drive
Embalagens de papel de vários tamanhos
Embalagens diversas
Embalagens plásticas de vários tamanhos
Escalas métricas
Etiquetas autoadesivas
Filmadora com o respectivo cartão de memória e bateria reserva
Fita adesiva, tesoura, cola, régua e barbante
Formulários específicos
Giz branco e giz colorido
Jalecos descartáveis
Lanternas
Lanternas (luzes) forenses
Lupa
Luvas
Máquina fotográfica, com o respectivo cartão de memória e bateria reserva
Marcadores de vestígio

(continua)

(Quadro 2.1 – conclusão)

Material para coleta de vestígios
Máscaras
Óculos de segurança
Papel branco e milimetrado
Paquímetro
Pilhas e baterias sobressalentes
Pinças
Pincel atômico
Prancheta
Protetores para o calçado
Toucas
Trenas eletrônica e mecânica
Tripé

Fonte: Velho; Costa; Damasceno, 2013.

2.3.3 Chegada ao local de crime

O perito designado deve assumir o local de crime assim que chegar. Isso quer dizer apresentar-se ao policial responsável e informá-lo da chegada da perícia e da série de procedimentos que serão realizados. Também é nesse momento que muitas informações subjetivas são repassadas à perícia, mesmo de maneira informal. Existem processamentos em locais de crime que podem durar muitas horas ou mesmo dias. Caso seja necessária a interrupção da perícia por algum motivo para ser retomada mais tarde, deve-se garantir a preservação da cena.

2.3.4 Entrevistas

O art. 473, parágrafo 3º, do Código de Processo Civil (CPC) – Lei n. 13.105, de 16 de março de 2015 –, didaticamente elenca as ferramentas à disposição do perito para instruir o exame:

Art. 473 [...]

§ 3º Para o desempenho de sua função, o perito e os assistentes técnicos podem valer-se de todos os meios necessários, ouvindo testemunhas, obtendo informações, solicitando documentos que estejam em poder da parte, de terceiros ou em repartições públicas, bem como instruir o laudo com planilhas, mapas, plantas, desenhos, fotografias ou outros elementos necessários ao esclarecimento do objeto da perícia. (Brasil, 2015)

Entrevista no local é um procedimento em que se visa encontrar informações adicionais que possam ajudar a avaliar o tamanho da cena isolada, a existência de locais correlatos e outras informações úteis ao processo de investigação. Essas entrevistas, segundo João Luiz Moreira de Oliveira (2013, p. 93), "devem ser feitas no início dos trabalhos com possíveis testemunhas e outras pessoas que estavam presentes no local antes da chegada dos peritos". Espera-se conseguir informações adicionais que poderão ajudar a conhecer mais a cena, agilizando, assim, o trabalho pericial.

Deve-se atentar sempre para a validade dessas informações. Elas se prestarão para a perícia apenas como formadoras de um possível quadro geral e, por serem subjetivas, devem ser tratadas com muito cuidado. Mesmo que testemunhos possam ajudar a encontrar alguns vestígios que comprovem a informação, o perito só deve considerar os vestígios para suas conclusões.

2.3.5 Como entrar em uma cena de crime para realizar o reconhecimento

A Senasp, no curso de local de crime, orienta que o

primeiro policial a chegar ao local deve averiguar se de fato existe a ocorrência que lhe foi comunicada. Para tanto, deve o policial penetrar no local do crime e dirigir-se até o corpo de delito. A entrada ao local imediato/mediato ao corpo de delito deve ser feita pelo ponto acessível mais próximo a este, de tal forma que a trajetória até o mesmo seja uma reta. Constatado o delito, o policial deverá retornar para a periferia do local do crime, percorrendo a mesma trajetória que o levou até o corpo de delito no sentido inverso. O percurso deverá ser memorizado pelo policial, visto que posteriormente deverá ser comunicado aos peritos. Toda a movimentação dos policiais para averiguar o ocorrido deve ser meticulosa e absolutamente nada deve ser removido das posições que ocupavam quando da configuração final do crime. (Mallmith, 2007)

As exceções a essas determinações são:

Socorro à vítima.
Para conhecimento do fato (forçamento de janelas e portas).
Para evitar mal maior (ocorrência de trânsito – Lei n. 5.970/1973).
O trabalho dos bombeiros no salvamento e na extinção do fogo (prioridades inadiáveis nos casos de incêndio). (Mallmith, 2007)

A entrada em uma cena de crime e a busca de vestígios é uma das fases mais demoradas e visa encontrar todos os vestígios inerentes ao local em processamento. Os tipos de vestígios dependerão de cada local e tipo de crime; entretanto, os procedimentos de busca, em geral, são os mesmos.

O perito que participar da busca deve ser cauteloso e observador. Ter preconcepção do fato na mente pode ajudar desde que esteja preparado para reconhecer uma mudança de direção nas análises perante um novo vestígio.

Uma expressão comum na área pericial e que ilustra de forma brilhante a importância da fase de reconhecimento e busca de vestígios é: **Quem não sabe o que procura não entende o que encontra**.

2.3.6 Padrões de busca

O principal objetivo de adotar um padrão de busca é abarcar toda a extensão da área questionada com facilidade e agilidade. A busca em uma área deve ser feita de maneira a conferir aos peritos a segurança de que todos os vestígios existentes foram encontrados. Vários métodos de busca podem ser utilizados. Alguns são mais precisos que outros, mas muito mais dispendiosos em tempo e recursos. Caberá à equipe no local definir o método a ser utilizado. A seguir, vamos tratar de alguns padrões de busca.

Busca em espiral

Esse tipo de busca geralmente é aplicado quando a área a ser pesquisada é relativamente pequena e não se dispõe de muitos membros na equipe. Inicia-se na parte periférica e vai-se contornando a cena até chegar ao ponto central. A caminhada em forma de espiral pode sofrer pequenas variações no percurso em virtude dos obstáculos encontrados na área examinada. A Figura 2.3 a seguir apresenta uma ilustração do padrão de busca em espiral.

Figura 2.3 – Ilustração esquemática do processo de busca em espiral

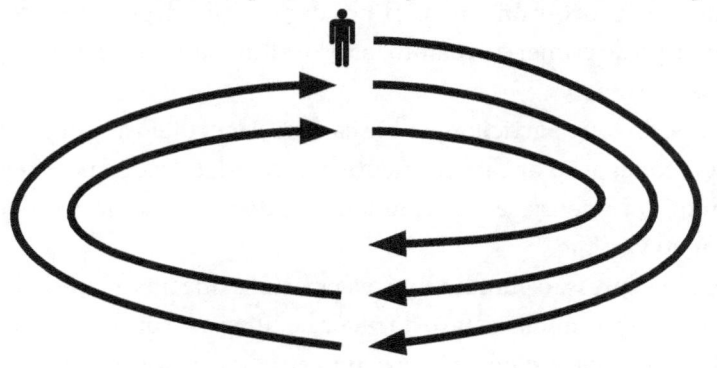

Busca em linha

A busca em linha propicia uma velocidade de processamento maior, pois potencializa a varredura da área, mas necessita de mais pessoas. Cada faixa da área é analisada de forma contínua, o que confere a segurança de que toda a área questionada foi analisada.

Para a formação da linha de busca, os profissionais devem estender os braços e se posicionar de modo a ficarem a uma distância de dois braços um do outro, o que corresponde à área do campo de visão de cada pessoa. A linha deve se deslocar praticamente na mesma velocidade; dessa forma, cada membro funcionará como balizador da direção dos demais e garantirá a cobertura da área. É importante escolher um homem-base para comandar a linha, que passará, então, a movimentar-se pelo comando dessa pessoa.

Figura 2.4 – Ilustração da busca em linha

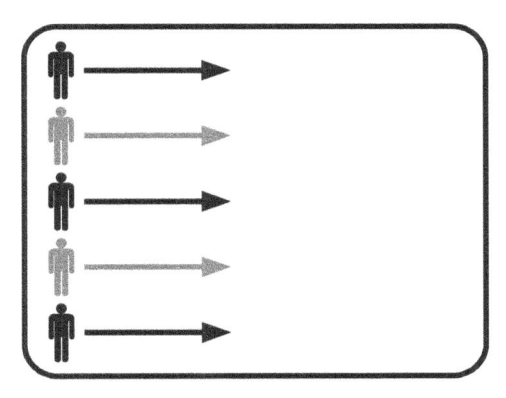

Cada integrante da linha deve procurar, detalhadamente, os vestígios na região de interesse imediatamente à sua frente. Quando um vestígio for encontrado, a linha deve parar, aguardar a marcação do vestígio e somente voltar a se movimentar sob o comando do homem-base.

Busca em linha cruzada

A busca em linha cruzada ou grade é utilizada no mesmo sistema da busca em linha tradicional, somente repetindo a segunda busca numa direção perpendicular à primeira. É uma busca mais completa, porém demanda mais tempo.

Figura 2.5 – Ilustração esquemática da busca em linha cruzada ou grade

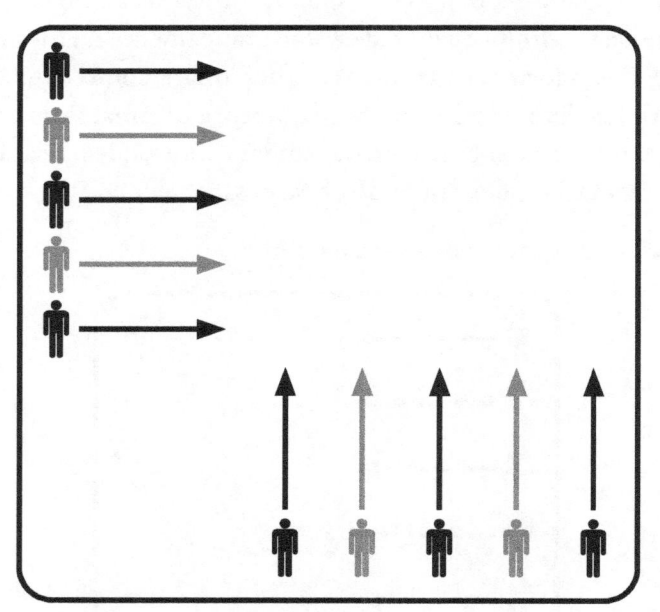

2.3.7 Reconhecimento do vestígio cibernético

Inicialmente, o termo *computador* foi adotado no século XVII para descrever uma pessoa que realizava cálculos matemáticos e que sequer sonhava com os dispositivos eletrônicos que temos hoje.

Figura 2.6 – Katherine John, "computadora" da Nasa, no Oscar 2017

No entanto, o ato de computar é muito anterior e um dos primeiros instrumentos de computação conhecidos é o ábaco.

Figura 2.7 – Ábaco

O processo de aprendizagem no reconhecimento de vestígios é tão constante quanto as inovações no mundo do crime e da tecnologia. Os avanços tecnológicos permitem que novos conhecimentos sejam utilizados para o bem e para o mal. Nessa última hipótese, vestígios com características distintas daquelas que se reconheciam num passado recente começam a emergir.

O exemplo mais recente está associado aos crimes cibernéticos e às investigações virtuais. O uso rotineiro de computadores e outros dispositivos com tecnologia embarcada gera rastros analisáveis, inclusive na ação delitiva antes desassociada de meios eletrônicos. Esses rastros podem ter várias formas, mas são genericamente chamados de *vestígios cibernéticos* – hoje são considerados os mais complexos encontrados em cenas de crime, permeando todas as áreas das ciências forenses.

O vestígio cibernético é uma das fontes mais ricas para a elucidação de crimes, em especial homicídios, suicídios, infanticídios, tráfico de drogas e lavagem de dinheiro, pois atualmente é comum se informar e se comunicar pelo ambiente computacional.

O vestígio cibernético é um dos mais presentes e importantes do local de crime, porém é um dos que exigem maior preparo do agente para seu reconhecimento.

O primeiro passo para reconhecer um vestígio, cibernético ou não, é conseguir enxergar se está em uma área imediata, mediata ou relacionada.

Para enxergar a área imediata, a mediata e a relacionada, muitas vezes, é preciso usar a técnica de *zoom in/zoom out*, pois ela permite que o profissional tenha uma visão panorâmica e específica da cena de crime.

Para saber mais

FROM MICRO to Macro... Everything is One. Disponível em: <https://www.youtube.com/watch?v=rlTZvz0oiao>. Acesso em: 25 maio 2019.

Se quiser conhecer mais sobre a potencialidade da técnica de *zoom in/out*, assista ao vídeo.

Os dispositivos eletrônicos tão presentes em nosso dia a dia deixam uma série de rastros, que podem permitir determinar por quem, quando e com que objetivo esses aparelhos foram utilizados. Esses elementos, chamados de *artefatos* ou *vestígios cibernéticos*, têm formas diferentes e se tornaram cruciais nas mais diversas áreas das investigações criminais ou particulares.

Uma classificação muito utilizada durante a apuração criminal envolvendo vestígios cibernéticos, mas que pode ser transportada para a esfera civil, é a divisão em crimes *próprios* e *impróprios*. Na primeira, o objeto do crime é o próprio computador ou o sistema de informação, como acontece nos casos de inserção falsa em um banco de dados público ou de pichação de um *site*. Na segunda, o crime é considerado impróprio quando o computador é utilizado como instrumento para a realização do ato, como no caso de troca de mensagens acertando o pagamento de propina a um servidor público.

Trabalhar em casos que envolvam vestígios cibernéticos exigirá do profissional profundo conhecimento técnico, sob pena de perda de informações cruciais para o apuratório ou mesmo do não reconhecimento do vestígio. O profissional precisará aprender a selecionar os equipamentos e delimitar as informações que serão examinadas, evitando a coleta de informações dispensáveis – ou, pior, deixando passar as imprescindíveis.

Como vimos, o reconhecimento do vestígio cibernético se inicia identificando se a área abrangida será imediata, mediata ou relacionada.

A Figura 2.8 mostra uma visão geral e esquematizada de como o vestígio cibernético pode ser encontrado em uma cena de crime. O Computador 1 seria o ponto central da cena do crime. Comparando com um local de homicídio, seria onde se encontra o cadáver. Porém, o bom profissional deve ser capaz de reconhecer que o Computador 1 está ligado aos Computadores 2, 3, 4 e 5, bem como a outro Computador 6 em serviço de nuvem (*cloud-as-service*).

Figura 2.8 – Visão esquematizada de um vestígio cibernético no local de crime

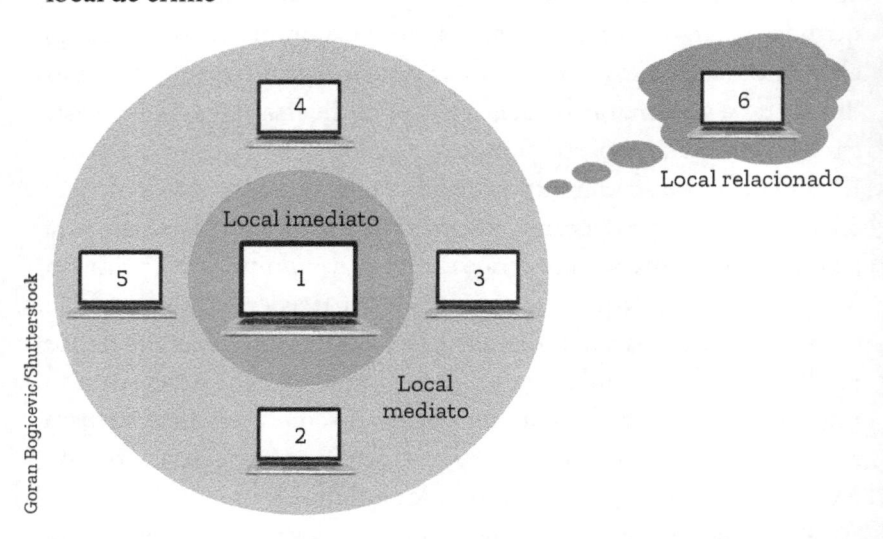

A Portaria n. 82/2014 é muito clara ao dizer que a "busca por vestígios em local de crime se dará em toda área imediata, mediata e relacionada" (Brasil, 2014). Portanto, ao se deparar com uma cena de crime, o agente público deve seguir rigorosamente o primeiro passo da cadeia de custódia e saber reconhecer vestígios nas áreas imediata, mediata e relacionada.

Para saber reconhecer um vestígio cibernético, é importante conhecer minimamente sua constituição, seu comportamento e o meio ambiente. A fim de tornar mais palpável a complexidade do vestígio cibernético, faremos analogia com o corpo humano, tentando trazer para a cibernética conceitos de anatomia e fisiologia.

Importante

Em uma análise histórica para a constituição de referencial histórico na construção do conhecimento, é possível notarmos que muitos agentes públicos já esbarraram nos conceitos de

> computação e informática. Será que são a mesma coisa? A computação vem do ato de computar, tendo como um dos primeiros instrumentos o ábaco. Já a informática é a informação automatizada, tendo como seu maior expoente os programas de computadores (*softwares*).

Superado esse conceito preliminar, é importante conceituar o que é um computador. A forma mais fácil de entender um computador é pelo sistema de causa e efeito.

O computador, conforme mostra a Figura 2.9, nada mais é do que uma caixa central, com entradas e saídas, que realiza processamento e/ou armazenamento de dados.

Figura 2.9 – Diagrama simplificado de um computador

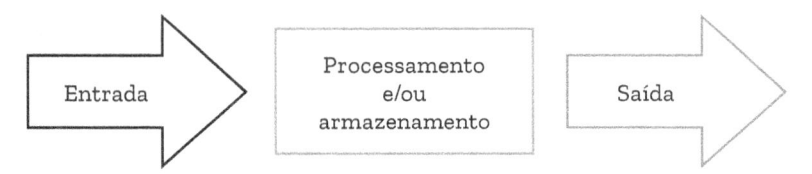

Entrada → Processamento e/ou armazenamento → Saída

Sempre que o agente se deparar com um computador em uma cena de crime, é importante ter em mente a figura anterior, pois ela ajuda como referencial histórico para construir o conhecimento.

A Figura 2.10 mostra a anatomia externa clássica de um computador. Para exercitar sua capacidade de reconhecimento de um vestígio cibernético e seu nível referencial, observe a Figura 2.10 e responda se os itens de 1 a 6 são dispositivos de entrada e/ou de saída.

Figura 2.10 – Anatomia clássica de um computador

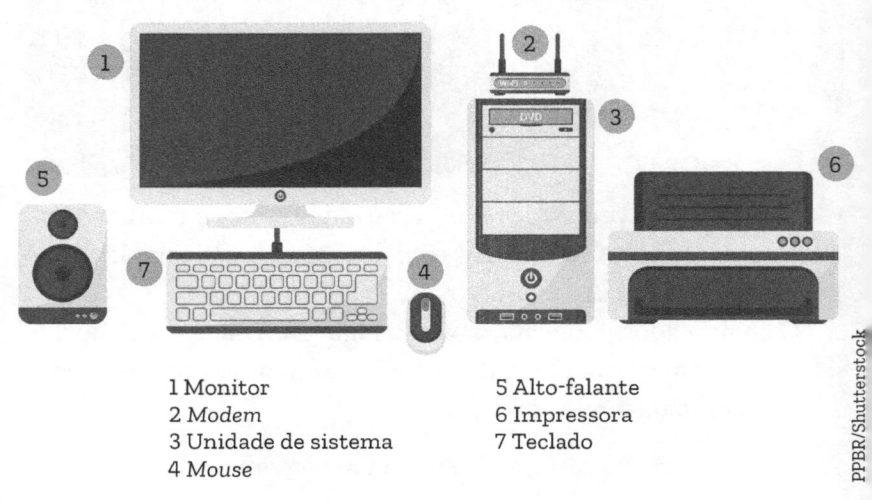

1 Monitor
2 *Modem*
3 Unidade de sistema
4 *Mouse*
5 Alto-falante
6 Impressora
7 Teclado

PPBR/Shutterstock

O computador é tratado aqui como conceito amplo, abrangendo *desktop*, *laptop*, aparelho celular, ou seja, qualquer dispositivo computacional.

Para reconhecer um vestígio cibernético, é preciso ter consciência de que um computador tem uma anatomia externa. Então, logo nos vem à mente uma pergunta: Será que todos computadores têm a mesma anatomia externa?

Não. A Figura 2.11 traz exemplos das diversas anatomias encontradas no cotidiano e mostra a variedade de dispositivos presentes no dia a dia do profissional que faz o reconhecimento de vestígios em cenas de crime.

Figura 2.11 – Exemplos de anatomia externa de computadores

Desktop *Notebook*

Smartphone Calculadora

Den Rozhnovsky/Goran Bogicevic/Helly Hansen/Paisit Teeraphatsakool/Shutterstock

Didaticamente, podemos classificar os computadores por sua anatomia externa ou aplicação funcional em quatro grandes grupos:

- **Computadores de mesa** – *Desktop, workstation* e *all-in-one*.
- **Computadores portáteis** – *Notebook, ultrabook, netbook*.
- **Servidores** – Computadores com maior capacidade de processamento ou armazenamento, responsáveis por fornecer serviços aos clientes.
- **Computadores vestíveis ou implantáveis** – Computadores portáteis que podem ser vestíveis ou implantáveis por órtoses, próteses ou nanorrobôs.

Nem sempre a anatomia externa de dispositivos computacionais segue o padrão clássico. Veja as Figuras 2.12 e 2.13. Você é capaz de distinguir o que são esses dispositivos?

Figura 2.12 – Dispositivo 1

Figura 2.13 – Dispositivo 2

As Figuras 2.12 e 2.13 são exemplos de como os vestígios podem ter anatomia externa semelhante, mas ser de natureza completamente diversa. Enquanto o primeiro é um computador do tipo *nettop**, o segundo é um modem.

Saber distinguir a anatomia externa de um vestígio faz parte da capacitação do agente de segurança para conseguir enxergar um vestígio em uma cena de crime ou em uma busca e apreensão.

Porém, é importante conhecer também a anatomia interna do vestígio, pois isso permite identificar o potencial que determinados objetos têm de se tornar uma prova.

Tomemos como exemplo o item 3 da Figura 2.10. Como você o descreveria?

---

* *Nettop* é um *desktop* em miniatura.

Um erro comum é chamá-lo de *CPU*. Na perícia para análise, o agente constata que é somente um gabinete de computador. Não há nada dentro, ou seja, não há uma CPU ou qualquer eletrônico ali.

De forma simplificada e fazendo analogia com um veículo automotor, podemos considerar que a anatomia interna de um computador é composta de um chassi em cima do qual são montados os diversos componentes de veículo.

O chassi é a placa-mãe, onde são inseridos componentes como processador, memória e dispositivos de entrada e saída. Todos os equipamentos computacionais seguem a seguinte anatomia interna:

- **Processador ou CPU (unidade central de processamento, em português)** – É o componente responsável pelos cálculos realizados pelo computador.
- **Memória principal, volátil ou RAM** – É o componente que armazena os dados utilizados com mais frequência e que são perdidos caso o equipamento seja desligado.
- **Memória secundária, não volátil ou dispositivo/mídia de armazenamento computacional** – É o componente no qual os dados são armazenados de maneira perene, ou seja, são mantidos mesmo com o dispositivo desligado (por exemplo, disco rígido, disco de estado sólido (SSD), *pen drive* e cartão de memória).
- **Dispositivo de entrada** – Equipamento pelo qual os dados são inseridos no computador (por exemplo, teclado, *mouse* e *scanner*).
- **Dispositivo de saída** – Equipamento pelo qual as informações são apresentadas ao usuário (por exemplo, monitor e impressora).

Os principais componentes da anatomia interna de um computador e que carregam alto interesse probatório são as memórias, razão por que é importante saber identificá-las na anatomia interna de um vestígio cibernético.

Em especial, é fundamental que o profissional saiba distinguir uma memória volátil de uma não volátil.

Na memória volátil, ao desligar o computador, não se salvam os dados. O exemplo clássico é a memória RAM. A memória não volátil é perene. Ao desligar o computador, os dados não se perdem. O exemplo clássico é o disco rígido (HD).

Toda analogia feita sobre a anatomia externa e a interna do vestígio cibernético pode ser extrapolada para outros tipos de vestígio, sendo condição essencial para que se possa fazer o reconhecimento na cena de crime.

Conhecer a anatomia externa permite o reconhecimento imediato, enquanto conhecer a anatomia interna permite reconhecer o potencial conteúdo probatório.

Além de reconhecer as anatomias interna e externa de um vestígio, outro conceito é fundamental: reconhecer a fisiologia.

Todos componentes da anatomia dizem respeito ao *hardware*, mas, para funcionar a contento, um computador também precisa de *software*. Dois dos principais tipos de *softwares*, no contexto básico da fisiologia dos computadores, são:

- **Sistema operacional** – Principal programa de um computador, sendo o responsável pelo gerenciamento dos recursos de *hardware* e pelo controle dos outros *softwares* (por exemplo, Microsoft Windows, Linux e macOS).
- **Sistema de arquivos** – Programa que controla como os arquivos serão armazenados e recuperados dos dispositivos de armazenamento (por exemplo, NTFS, FAT32 e EXT4).

Por mais que o vestígio pareça inanimado, estático, sem vida, fazer analogia com a fisiologia nos ajuda a reconhecer seu comportamento.

A fisiologia é o estudo do funcionamento e das funções de um vestígio, que podem ser mecânicas, físicas, bioquímicas etc. e ganham complexidade diante da natureza do vestígio e do ambiente em que está inserido. Ela não se limita ao vestígio com fim em si mesmo, mas lança um olhar transdisciplinar, que pode envolver leis da termodinâmica, eletricidade, gravidade, meteorologia, biologia e computação.

Para compreender melhor o conceito de fisiologia de um vestígio, tomemos por exemplo um relógio. O objetivo do relógio é indicar as horas, sua anatomia externa demonstra isso. Porém, para o agente de segurança que vai lidar com o vestígio, saber olhar os ponteiros do relógio e identificar a hora não basta. É preciso compreender o que acontece dentro do relógio e o que pode acontecer caso seja realizada ou não uma ação.

O que está por dentro do relógio e que o mantém funcionando? Todos os relógios têm a mesma fisiologia? O que pode afetar seu funcionamento ou degradá-lo?

O agente que reconhece um vestígio deve saber responder a tais questões ao entrar em contato com uma cena de crime. Aqui, o exemplo é um relógio, mas poderia ser um celular, uma mancha de sangue, um cadáver.

Você sabe dizer o que acontece quando um computador está desligado e alguém aperta o botão de liga/desliga?

Imagine que o agente de segurança pública esteja em uma operação de busca e apreensão e encontre na casa do alvo um computador desligado. Esse agente precisa decidir se leva o computador desligado ou o liga para verificar seu conteúdo no momento da busca. Para tomar essa decisão, ele deve estar ciente da fisiologia do vestígio encontrado, ou seja, do que ocorrerá quando apertar o botão. A Figura 2.14 mostra a sequência fisiológica de inicialização do computador.

Ao apertar o botão de ligar, o computador imediatamente aciona o POST (*power-on self-test*) – BIOS, que executa e inicia os componentes da máquina, como monitores, discos e memórias. Depois, busca o sistema operacional (*bootstrap*) em uma unidade de armazenamento e, a partir desse ponto, o sistema operacional assume o controle da máquina.

Figura 2.14 – Fisiologia de inicialização do computador

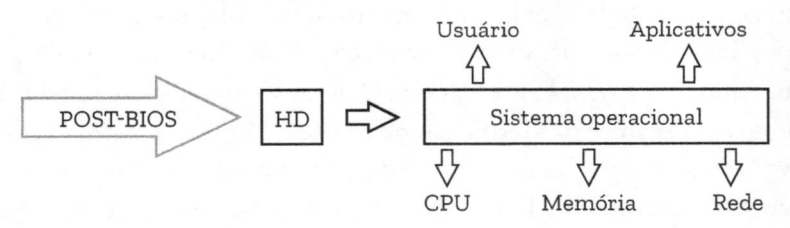

```
                                    Usuário    Aplicativos
                                       ⇧           ⇧
   POST-BIOS  ⟹  HD  ⇨   [  Sistema operacional  ]
                                 ⇩        ⇩        ⇩
                                CPU    Memória    Rede
```

Após a inicialização de todos componentes, o sistema operacional, que nada mais é que um conjunto de programas com função de gerenciar os recursos do sistema, assume o controle da memória, do processador e dos arquivos, fornecendo uma interface entre a máquina e o usuário.

Portanto, o simples gesto de ligar um computador gera uma série de reações fisiológicas que podem alterar involuntariamente o conteúdo.

É importante ressaltar a complexidade do vestígio cibernético. Cada sistema operacional se comporta de forma específica, cabendo ao agente de segurança conhecê-los para agir de forma eficiente diante do vestígio.

Para *desktop*, *laptops* e servidores, existem dezenas de versões de sistemas operacionais, sendo os mais comuns Ubuntu, Mac OS, Microsoft Windows, CentOS, Debian, Fedora, Google Chrome OS, OpenSuSE, Slackware e Mint. Da mesma forma, para dispositivos móveis, existe uma infinidade de versões, sendo os mais comuns iOS, Android e Windows.

Podemos, então, afirmar que reconhecer um vestígio cibernético não é tarefa fácil e exige um olhar atento do profissional. Porém, existem vestígios que são facilmente reconhecidos e aparecem com frequência em cenas de crime.

Reconhecimento do vestígio cibernético mais comum

O vestígio cibernético de maior interesse para a justiça está relacionado a dados em dispositivos de armazenamento. É possível elencarmos os dispositivos de armazenamento mais comuns em locais de crime para que o profissional treine seu olhar sobre eles.

A Figura 2.15 mostra um cartão perfurado, o qual muitos não conseguem reconhecer como uma fonte de armazenamento de dados em razão de sua obsolescência.

Figura 2.15 – Cartão perfurado

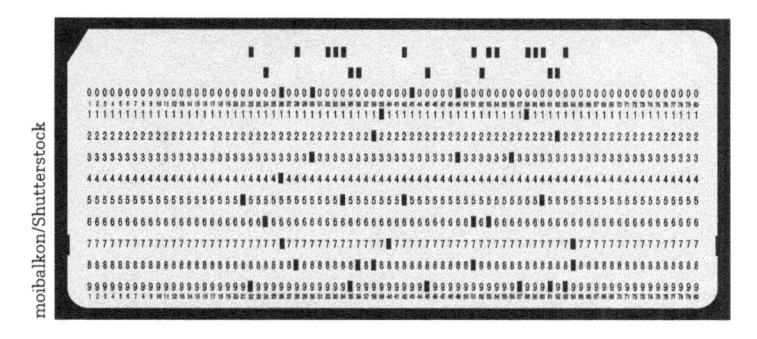

Pode parecer estranho, em tempos de computação quântica, falar em algo tão antigo. No entanto, assim como estamos em tempos de troca diária de tecnologia, estamos em tempos de uma onda retrô. Os discos de vinil ressurgem, e um cartão perfurado ou outros dispositivos obsoletos podem conter informações relevantes para a resolução de um caso.

Para quem não conhece, o cartão perfurado foi projetado pela IBM para servir de memória para os primeiros computadores.

A evolução do cartão perfurado, conforme mostra Figura 2.16, é a fita perfurada.

A fita perfurada, ou *paper tape*, assim como o cartão perfurado, é uma forma bastante obsoleta de armazenamento de dados em longas tiras de papel ou plástico, que eram perfuradas a fim de armazenar informações.

Seguindo a trilha evolutiva da tecnologia, conforme mostra a Figura 2.17, surgiram as fitas magnéticas, praticamente uma revolução na forma de armazenamento.

Figura 2.16 – Fita perfurada

Figura 2.17 – Fitas magnéticas

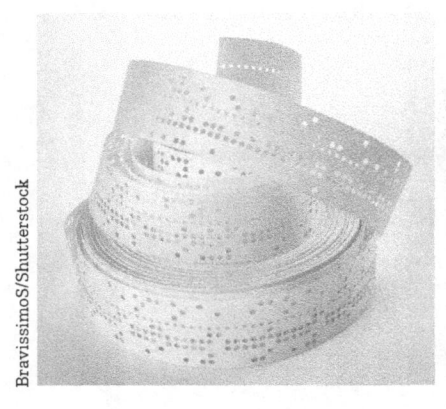

Por incrível que pareça, as fitas magnéticas ainda são usadas no mundo como uma das formas mais comuns de *backup*. Portanto, se, em uma cena de crime ou em busca e apreensão, for encontrado tal dispositivo, são grandes as chances de haver volumes significativos de informações armazenadas.

Os discos rígidos mecânicos são os mais populares quando falamos de usuários domésticos. Da tradução do inglês *Hard Disk Drive* (HDD), conforme mostra Figura 2.18, esses discos são a memória não volátil de maior popularidade.

Em seus primórdios, o ano de 1956, esses discos armazenavam 5 megabytes. Algo inimaginável para os dias atuais, quando contamos com discos de 10 terabytes.

Figura 2.18 – Disco rígido

Outra mídia de armazenamento computacional que parece obsoleta, mas é constantemente encontrada em locais de crime é o disquete. Famoso pelo barulho característico de escrita e leitura, ainda é uma opção de criminosos.

Na Figura 2.19, podemos ver exemplos de disquetes e sua evolução em capacidade: o *zip drive*, que, apesar de ter anatomia externa muito parecida com o disquete, tem capacidade maior.

Uma das mídias de armazenamento mais populares, conforme mostra a Figura 2.20, é a mídia óptica, os popularmente conhecidos *CDs* e *DVDs*.

Figura 2.19 – Disquete e *Zip drive*   Figura 2.20 – Mídia óptica

Porém, são raros os equipamentos computacionais com leitores de mídia óptica. Ainda assim, são muito comuns nos locais de crime e busca e apreensão.

O carro-chefe das mídias de armazenamento é, sem dúvida, a memória *flash*. Essa memória foi revolucionária, passando da era do armazenamento mecânico para a era do armazenamento eletrônico.

Os expoentes das memórias *flash*, conforme vemos na Figura 2.21, são o *pen drive* e o cartão de memória.

Figura 2.21 – Memórias *flash*

O *pen drive* é o dispositivo mais utilizado para o transporte de arquivos, em especial, de um para outro equipamento computacional. Já os cartões de memória são amplamente utilizados em câmeras fotográficas e telefones celulares.

Reconhecimento de mídias camufladas

A camuflagem é a técnica ou o método utilizado para disfarçar, esconder, tornar algo imperceptível no ambiente em que se encontra.

Assim como a camuflagem pode ser utilizada em equipamentos das forças de segurança e defesa para proteção, pode também ser utilizada no ambiente criminoso para ocultar, confundir, esconder determinados vestígios.

Diante da camuflagem, o profissional deve redobrar a atenção para conseguir reconhecer corretamente um vestígio.

A célebre capa do livro *Tratado de computação forense*, organizado por Jesus Antonio Velho (2016), expressa exatamente a necessidade do olhar atento, conforme mostra Figura 2.22.

Figura 2.22 – Capa do livro *Tratado de computação forense* (Velho, 2016)

Dessa capa, surgiu uma frase de uso frequente nos meios forenses: "por mais que o criminoso tente camuflar o vestígio, nada pode passar ao olhar atento do perito criminal". O camaleão tenta se esconder na natureza, mas um olhar atento pode reconhecê-lo.

O vestígio cibernético pode ser camuflado das mais variadas formas. A Figura 2.23 mostra exemplos da criatividade humana em camuflar um *pen drive*.

Figura 2.23 – Exemplos de mídia camuflada

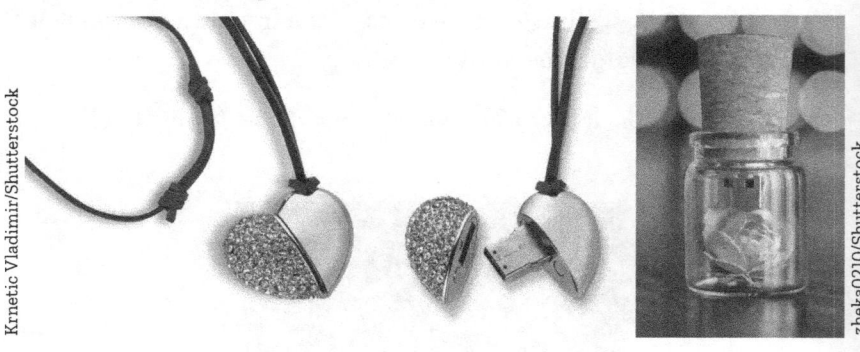

É importante observarmos que a anatomia externa de um vestígio cibernético pode mudar significativamente em relação ao padrão clássico de *pen drives* e discos rígidos.

Para exercitar o reconhecimento de mídias camufladas, recomendamos o estudo da biomimética, pois a camuflagem, muitas vezes, é baseada em princípios criativo e estratégias da natureza.

Principalmente nos vestígios cibernéticos, a biomimética é utilizada como fonte de inspiração para a inovação tecnológica. Por exemplo, inovações tecnológicas na área de algoritmos genéticos, redes de computadores, sociais, *design* etc. são, muitas vezes, fruto de estratégias da natureza. Assim, entender a biomimética permite ao profissional ampliar o campo de visão e ter um olhar inovador sobre a cena do crime.

Sempre que falamos em reconhecimento de vestígios cibernéticos e tecnologia, devemos lembrar que a mente humana não tem limites criacionais.

No século XXI, as inovações transformacionais exigem do profissional de segurança pública a superação de modelos mentais e processos engessados que bloqueiam a possibilidade de reconhecimento de um vestígio. Ele deve estar preparado para um pensamento disruptivo em uma cena de crime, pois nem tudo segue o modelo tradicional e nem tudo é conhecido. É necessário construir o conhecimento para enxergar o vestígio.

Imagine que, em uma cena de crime de homicídio, ao lado do cadáver, seja encontrada uma mancha de sangue. É sabido que a vítima faz parte de uma grande organização criminosa que teve um faturamento bilionário no mercado negro.

Você acha que a mancha de sangue ao lado do corpo pode conter vestígios cibernéticos?

Uma reportagem publicada no portal *Exame*, em outubro de 2016, responde à pergunta formulada, mostrando quão complexo pode ser o reconhecimento de um vestígio em uma cena de crime. A manchete informa: "Microsoft consegue armazenar vídeos e livros em DNA humano" (Demartini, 2016).

2.3.8 Vestígios ocultos ou latentes

Nem sempre os vestígios em um local de crime são facilmente visíveis. Isso dificulta ainda mais a fase de reconhecimento.

Com frequência, o profissional que trabalha no reconhecimento, no isolamento e na coleta de vestígios, além do olhar treinado, precisa utilizar instrumentos de revelação do vestígio que aparentemente está oculto.

Os instrumentos mais utilizados no local de crime são as lupas, as lanternas, os reagentes e o pó. Mas também podem ser utilizados escâner 3D, detector de metais, espectrômetro, entre outros.

Uso de luz forense

A utilização de luz forense para o reconhecimento de vestígios é uma técnica rápida e não destrutiva. Consiste basicamente na emissão de luz de diversos comprimentos de onda, desde o ultravioleta até o infravermelho. Cada comprimento de onda tem um fim específico para a revelação de vestígios, podendo ser desde uma simples pegada até manchas de sangue.

Os comprimentos de onda mais utilizados são a luz azul de 455 nm, a azul de 470 nm, a vermelha de 570 nm, a branca de 400 nm e a ultravioleta.

De forma didática, o Quadro 2.2 traz alguns exemplos de utilização dos mais diversos comprimentos de onda na revelação de um vestígio.

Quadro 2.2 – Comprimentos de onda para revelar um vestígio

Utilização da luz forense		
COR	ESPECTRO	EXEMPLO
Branca	400-700 nm	Revelação de pegadas ou marcas de pneu
Azul	400-700 nm	Revelação de esperma, urina, pelos, fibras
Azul conjugada com UVA	400-700 nm	Varredura de local de crime em busca de vestígios
UVA	320-400 nm	Revelação de fluidos corporais, impressões papilares e fibras
Violeta	415 nm	Resíduo de pólvora

Mesmo com a utilização da luz forense, o vestígio pode continuar oculto ao olhar humano, por isso, dependendo do vestígio, o profissional deve conjugar a utilização da luz forense com a de óculos amarelos, vermelhos ou laranja.

Ainda assim, muitos vestígios não se revelam ao olho humano, sendo necessário usar reagentes, como o luminol.

O luminol nada mais é que um composto químico orgânico, geralmente em pó, que, misturado com carbonato de sódio e perborato de sódio, pode ser aplicado com água destilada em um local de crime para que se revelem vestígios não visíveis a olho nu.

Uma mistura de luminol com peróxido de hidrogênio, ao entrar em contato uma superfície lavada, mas que ainda preservou resíduos invisíveis de sangue, o qual contém átomos de ferro na molécula de hemoglobina, capaz de catalisar reação de oxidação do luminol, gera quimiluminescência, ou seja, luz capaz de ser reconhecida e detectada pelo perito criminal.

Estudo de caso

Peritos receberam para análise um documento de segurança utilizado no transporte de madeiras denominado, à época, *ATPF* (*Autorização para Transporte de Produtos Florestais*). Os peritos realizaram exames preconizados pela criminalística para os casos em espécie. As análises foram procedidas segundo técnicas de confronto com padrões e de observações diretas, com auxílio de instrumentos ópticos de ampliação e iluminação (à época, estavam disponíveis no setor apenas lupa manual, lanterna comum e uma lanterna de luz ultravioleta). Após o exame com a identificação dos elementos de segurança do referido documento (fibras luminescentes, marca-d'água, imagem latente, entre outros), os peritos liberaram o laudo atestando que o documento era autêntico e que não foram detectados sinais de alteração.

Cerca de cinco anos depois, o documento citado retornou ao setor de perícias para a realização de uma nova perícia, com a alegação de que a numeração daquele documento tido como autêntico não constava nos registros oficiais do Ibama (Instituto Brasileiro do Meio Ambiente e dos Recursos Naturais Renováveis), órgão responsável pela emissão. Dessa vez, na análise, os peritos utilizaram um comparador espectral de vídeo de alta resolução e aumento (VSC 5000), o qual tornou possível constatar que a ATPF questionada tinha mesmo o suporte com características similares ao padrão autêntico. No entanto, foi constatada a presença de rasuras efetuadas com instrumental abrasivo na numeração original de série da ATPF em referência, ocorrendo obliteração parcial do segundo numeral 5 com posterior acréscimo de tinta, a fim de transformá-lo no número 6.

Figura 2.24 – Adulteração do número de série da ATPF examinada*

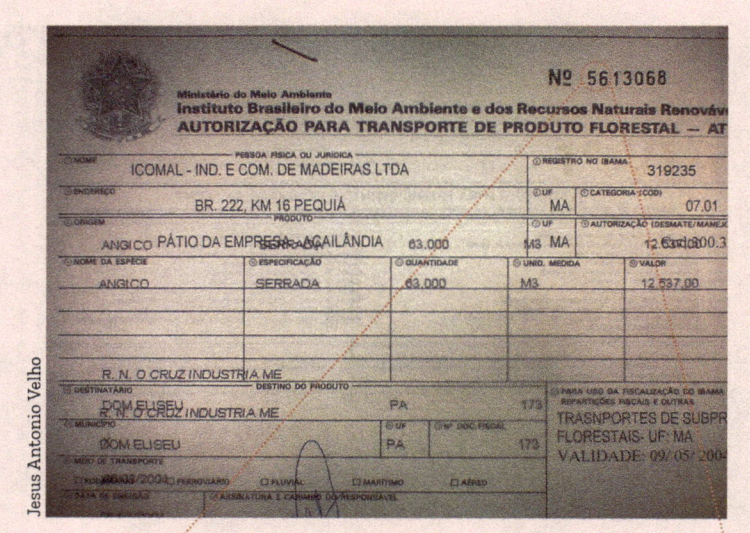

* As setas em vermelho indicam arredondamento imperfeito da haste do número 6; as setas em azul mostram as linhas de fundo interrompidas com rasuras por raspagem.

Síntese

Neste capítulo, mostramos a importância da primeira fase da cadeia de custódia, a qual se inicia com o reconhecimento de que determinado objeto tem potencial conteúdo probatório e deve ser isolado e preservado.

Você teve a oportunidade de observar que essa é uma das fases mais complexas e depende de muito treinamento e raciocínio do cientista forense. Um erro na fase de reconhecimento do vestígio prejudica substancialmente a busca da verdade e da justiça.

Questões para revisão

1. Qual é a importância da fase de reconhecimento do vestígio?

2. Quais são os vestígios cibernéticos mais comuns?

3. O carro-chefe das mídias de armazenamento é, sem dúvida, a memória *flash*.

   Essa afirmativa é:

   ( ) Verdadeira ( ) Falsa

4. Atualmente, o dispositivo mais utilizado para o transporte de arquivos é:
   a) *Pen drive.*
   b) Cartão de memória.
   c) Disquete.
   d) Disco óptico.

5. A luz forense é utilizada em perícia na fase de:
   a) reconhecimento do vestígio.
   b) coleta do vestígio.
   c) destruição do vestígio.
   d) documentação do vestígio.

Questão para reflexão

1. Qual é a importância da frase: "Se você não sabe o que procura, não entende o que encontra".

ISOLAMENTO E FIXAÇÃO DOS VESTÍGIOS

Conteúdos do capítulo:
- Princípios teóricos e práticos sobre a atividade de polícia científica no isolamento e na fixação de vestígios.
- Métodos de isolamento de local de crime.
- Procedimentos de isolamento de vestígios.
- Procedimentos de fixação de vestígios.
- Uso de ferramentas tecnológicas para a fixação do vestígio.

Após o estudo deste capítulo, você será capaz de:
1. ter noções gerais da transformação de vestígios em evidências;
2. entender a importância do isolamento;
3. compreender a necessidade de fixação do vestígio;
4. identificar ferramentas tecnológicas para a fixação do vestígio;
5. exercitar/desenvolver habilidades para utilizar os conceitos de preservação da cadeia de custódia.

3.1 Isolamento do local de crime e/ou do vestígio

Superada a fase de reconhecimento do vestígio com seus procedimentos de segurança e emergenciais – ou seja, o vestígio já foi encontrado e o local está seguro –, o que fazer a seguir? Para isso, basta observar o que dizem a lei e as normas.

Como vimos anteriormente no Capítulo 2, os arts. 6º, inciso I, e 169 do Código de Processo Penal (CPP) – Decreto-Lei n. 3.689, de 3 de outubro de 1941 – têm a seguinte redação:

> Art. 6º Logo que tiver conhecimento da prática da infração penal, a autoridade policial deverá:
> I – dirigir-se ao local, providenciando para que **não se alterem o estado e conservação das coisas**, até a chegada dos peritos criminais;
> [...]
> Art. 169. Para o efeito de exame do local onde houver sido praticada a infração, a autoridade providenciará imediatamente para que **não se altere o estado das coisas** até a chegada dos peritos, que poderão instruir seus laudos com fotografias, desenhos ou esquemas elucidativos. (Brasil, 1941, grifo nosso)

No mesmo sentido, o Código de Processo Penal Militar (CPPM) – Decreto-Lei n. 1.002, de 21 de outubro de 1969 –, no art. 12, determina:

> Art. 12. Logo que tiver conhecimento da prática de infração penal militar, verificável na ocasião, a autoridade a que se refere o § 2º do art. 10 deverá, se possível:
> a) dirigir-se ao local, providenciando para que se **não alterem o estado e a situação das coisas**, enquanto necessário;
> b) apreender os instrumentos e todos os objetos que tenham relação com o fato; [...] (Brasil, 1969, grifo nosso)

Relembramos também que a Polícia Militar do Paraná publicou a Diretriz n. 3/2014 (Paraná, 2014):

> A autoridade ou agente policial que primeiro chegar a um local de crime ou de sinistro deve, inicialmente, observar aspectos de segurança e, se necessário, socorrer vítimas. Em seguida, deve **isolar e preservar** adequadamente a área onde ocorreu o fato e, se possível, as cercanias, até a chegada dos peritos criminais e a conclusão dos levantamentos periciais. (Paraná, 2014, grifo nosso)

Todos esses documentos fazem referência ao dever de preservar e isolar o local do crime. Então, como fazer para que não se altere o estado das coisas? O profissional deve isolar o local de crime. Mas o que é *isolar*?

De forma cristalina, a lei determina que os exames de locais de crime devem ser realizados por peritos criminais, mas estes, geralmente, não são os primeiros a chegar ao local de crime. Diante disso, o primeiro profissional a adentrar a cena deve tomar todas as medidas necessárias para que não se degrade ou não se altere nenhum vestígio – isso é isolamento.

Muitas vezes, é difícil conceituar o isolamento de uma cena de crime, por isso podemos utilizar algumas analogias. Um exemplo de isolamento é aquele feito para impedir que o som de um ambiente contamine o outro. É o chamado *isolamento acústico* ou *sonoro*. Da mesma forma, há o isolamento de um paciente com doença infectocontagiosa, quando o enfermo fica em determinado ambiente para que não contamine os demais.

Isolar é o ato ou a ação de separar e define o estado de um objeto ou uma pessoa como aquele(a) que está separado(a) dos demais.

O isolamento da cena de crime segue o mesmo princípio. A cena precisa ser isolada para que não ocorra contaminação, degradação ou alteração de qualquer elemento por força externa ao ambiente.

O manual de conscientização da UNODC (2010, p. 10) nos orienta:

a delimitação da área a ser preservada é uma atividade complexa e os limites do local podem mudar de acordo com o prosseguimento da análise do local. O que parece ser evidente no início pode mudar e precisar ser reavaliado. Uma vez definida, a área é explicitamente isolada usando-se qualquer tipo de barreira física. Qualquer pessoa não essencial que adentrou no local antes do estabelecimento do cordão de isolamento deve ser retirada (e essa informação é registrada) e quaisquer pessoas não essenciais são impedidas de entrar no local de crime durante todo o exame pericial.

E por que tais orientações são importantes? Ainda conforme manual:

- Um local de crime inadequadamente isolado e preservado acarretará atividades desnecessárias, que poderão modificá-lo, contaminá-lo e comprometer irreversivelmente o local e suas evidências.
- A falta de medidas de proteção pode resultar na destruição de evidências importantes, e deste modo, desorientar e influenciar o resultado final da investigação. Ou pior, pode impedir a solução do caso ou resultar em uma conclusão errônea. (UNODC, 2010, p. 11)

O correto isolamento do local de crime é uma das partes mais importantes da persecução criminal. A ação do profissional que primeiro tem contato com a cena é crucial para a cadeia de custódia.

Qualquer interação, alteração ou degradação pode ser evitada pelo isolamento bem feito. Se houver, a interação, a alteração ou a degradação devem ser documentadas – em especial, as que ocorrerem antes da chegada dos peritos, pois podem induzi-los ao erro ou prejudicar a investigação, caso não relatadas.

A forma mais simples de isolamento é aquela em que se tenta separar a maior área possível em torno do evento. Por exemplo, em uma cena de homicídio, o epicentro é onde a vítima está caída. A partir daí, traça-se um raio de isolamento. Caso seja uma casa, isola-se o cômodo onde se encontra o cadáver e a residência como um todo. Caso seja um local aberto, por exemplo, uma via pública, isola-se a rua onde o cadáver se encontra.

O mais usado atualmente é a delimitação física do perímetro em um perímetro de processamento e em um perímetro de segurança.

Conforme exemplifica a Figura 3.1, do epicentro, traça-se um raio de isolamento com duas áreas bem definidas. A mais próxima do centro é denominada *área de processamento* ou *área de concentração de vestígios*. A área entre o perímetro de processamento e a área externa ao local denomina-se *perímetro de segurança* ou *área de segurança*, a qual é destinada aos profissionais de segurança pública que estão guardando o local.

Figura 3.1 – Áreas de isolamento

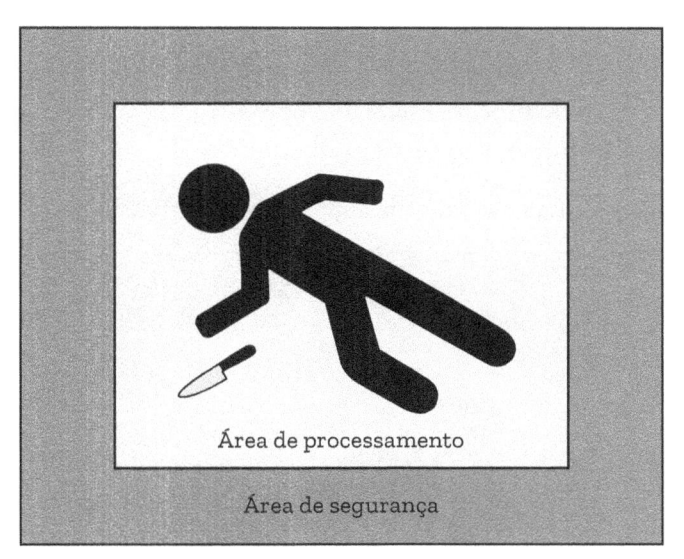

O isolamento pode se manter por tempo indefinido se o perito julgar necessários exames complementares, equipamentos especiais ou outras diligências para coleta ou processamento de um vestígio.

Um local de crime pode ser mantido isolado por semanas ou meses. Geralmente, isso ocorre em operações conjuntas ou forças-tarefas envolvendo polícia científica, polícia civil, vigilância sanitária, defesa do consumidor, Agência Nacional de Vigilância Sanitária (Anvisa) etc. Esses locais são interditados e isolados pelo órgão competente até que se instruam os processos administrativos e penais.

Porém, nem todo isolamento segue a mesma lógica de perímetro de processamento e de segurança. É o que veremos nas seções a seguir.

3.1.1 Isolamento do vestígio cibernético

Locais de crime que contenham vestígios cibernéticos, assim como outros vestígios voláteis, demandam procedimentos especiais de isolamento e preservação.

Imagine a mesma cena apresentada na Figura 3.1, ou seja, um cadáver e uma faca ao lado. Agora, substitua a faca por um aparelho celular ligado, conforme mostra a Figura 3.2. Será que o isolamento em perímetro de processamento e segurança por uma fita zebrada conserva corretamente o vestígio cibernético?

Figura 3.2 – Cena de crime com um cadáver e um celular

O aparelho celular pode ser um dos vestígios mais importantes da cena do crime, porém, se mal isolado e preservado, o vestígio cibernético, em virtude de sua volatilidade, se degrada, se altera e é destruído facilmente.

O aparelho celular ao lado do cadáver pode conter informações e comunicações relevantes para a elucidação do crime, porém deixá-lo ligado permite que essas informações sejam apagadas ou sobrescritas.

Imagine uma cena de crime de explosão de caixa eletrônico em que existe um aparelho celular ligado no local. O primeiro profissional isolou o local com fita zebrada por dois quarteirões no entorno do banco e não permitiu que ninguém entrasse na área até a chegada dos peritos criminais.

Ao chegar ao local, os peritos criminais constataram que o celular estava ligado e que tinha recebido um comando de apagamento remoto de todos os dados, não sendo possível recuperar nada.

Posteriormente, descobriu-se que aquele aparelho celular encontrado na cena do crime era de um dos criminosos. Na fuga, ele deixou cair o aparelho. Logo que o criminoso percebeu esse fato, realizou o processo de apagamento remoto de todos os dados do celular.

Diante da cena descrita, pergunta-se: O isolamento de um raio de dois quarteirões com fita zebrada isolou corretamente o vestígio cibernético?

A resposta é *não*. Por isso, é importante que o profissional esteja preparado para isolar os mais diversos tipos de vestígios e estar sempre atento à ordem de volatilidade que cada um apresenta.

Importante

No caso de diversos tipos de vestígios, não basta o isolamento físico para garantir o isolamento e a preservação; outras ações, a exemplo do isolamento cibernético, são imprescindíveis.

3.2 Fixação do vestígio

À medida que os vestígios são encontrados, devem ser marcados, para que possam ser descritos, fotografados e assinalados em um croqui. Essa marcação é geralmente feita por marcadores próprios, como o mostrado na figura a seguir, mas outros tipos podem ser utilizados. Utilizam-se marcadores para auxiliar a identificação e a mensuração do tamanho dos vestígios na cena e, ainda, facilitar o trabalho posterior de documentação e coleta.

Figura 3.3 – Exemplo de um marcador de vestígios

Prath/Shutterstock

É importante ressaltar que "os vestígios valem não só pelo que são, mas essencialmente, pelo lugar e pela posição em que se encontram, bem como por suas relações com outros vestígios, que podem não ser perceptíveis de imediato" (Velho; Costa; Damasceno, 2013).

A documentação do posicionamento de um vestígio é uma das partes mais importantes da cadeia de custódia. Por isso, a Portaria n. 82, de 16 de julho de 2014, da Secretaria Nacional de Segurança Pública (Senasp) conceitua a fixação como: "a descrição detalhada do vestígio conforme se encontra no local de crime ou no corpo de delito, e a sua posição na área de exames, ilustrada por fotografias, filmagens e/ou croqui" (Brasil, 2014).

A fixação dos vestígios de um local de crime é de suma importância para compreender a cena do crime, pois vestígios sem referencial e desconexos são inúteis.

A capa do livro *Locais de crime*, da Millennium Editora, mostra de forma didática peritos criminais realizando a fixação dos vestígios em uma cena com a utilização de placas numeradas.

Figura 3.4 – Capa do livro *Locais de crime*

A forma mais utilizada e mais simples de fixação do vestígio em uma cena de crime é por meio de placas alfanuméricas, porém, a descrição narrativa, o levantamento fotográfico e o croqui são os métodos consagrados pelas ciências forenses.

A descrição narrativa, ou *registro descritivo*, nada mais é que documentar, em um relatório, tudo o que for encontrado no local de crime. Alguns cientistas forenses recomendam que a narrativa da cena do crime seja gravada, pois o profissional ganha tempo em relação à escrita.

A descrição narrativa inclui aspectos como: condições climáticas, hora da chegada, condições do isolamento encontrado, nome das pessoas responsáveis pela área até o momento, procedimentos iniciais, entre outros. Engloba também, e principalmente, uma descrição do local e dos vestígios.

> **Importante**
> Quanto mais completa e organizada for a descrição do local, mais eficaz será o trabalho de processamento e, consequentemente, mais fácil será o trabalho de elaboração do laudo.

O levantamento fotográfico ou audiovisual é um dos métodos de documentação mais utilizado pelos peritos criminais, porque registra em detalhes a cena do crime desde a chegada ao local até sua liberação. Permite ainda que o profissional registre a cena de forma global e cada vestígio em detalhe. Muitos cientistas forenses vêm utilizando drones para fazer tomadas fotográficas em lugares de difícil acesso ou com materiais perigosos (explosivos e corrosivos, por exemplo).

A etapa de fotografias deve ser iniciada assim que se chegar ao local, o mais rápido possível. As fotografias panorâmicas, feitas quando da chegada da perícia, são fundamentais para caracterizar o estado da cena.

Recomenda-se que a tomada fotográfica não seja um ato estanque, mas contínuo, desde a chegada ao local até sua liberação.

O perito designado a fazer o levantamento fotográfico deve planejar a tomada de fotos, e não apenas sair fotografando a esmo, pois, sem o planejamento, ele pode acabar fotografando a cena muitas vezes de um mesmo ângulo, de um mesmo ponto, deixando de registrar outros focos importantes.

O levantamento fotográfico, quando feito de maneira planejada, remete os leitores do trabalho da perícia (delegados, juízes, promotores, advogados, entre outros) à cena do crime e proporciona melhor entendimento daquilo que está sendo relatado. Funciona como um livro de imagens em que as pessoas que não foram ao local possam entendê-lo da forma mais completa possível. Se algo no local tiver relevância, deverá ser fotografado. No entanto, durante os exames, nem sempre é possível saber quais são os pontos relevantes, por isso se utiliza a regra geral de fotografar todos os vestígios.

Ao efetuar o planejamento fotográfico, um procedimento adequado é partir de fotos gerais, panorâmicas, seguidas de fotos a uma distância média para, depois, obter fotos de objetos específicos em close, com e sem escala.

Obter fotos dos pontos de acesso ao local (portas, janelas, estradas, corredores) e de áreas adjacentes ajuda a entender a cena do crime e a elaborar o laudo. É importante considerar, se for o caso, a necessidade de uma fotografia aérea ou mesmo de uma imagem de satélite de alta resolução (por exemplo, SPOT ou Google Earth).

Por fim, temos o clássico croqui, que, associado ao levantamento fotográfico e à descrição narrativa, traz extremo detalhamento para o processo de fixação do vestígio.

O croqui consiste em realizar uma ilustração da cena de crime indicando onde cada vestígio está posicionado para que seja possível analisar melhor as relações de distância e posição e para servir de consulta em futuras análises ou referências.

O croqui complementa a narração e as fotografias, de forma a tornar o laudo pericial mais claro e explícito, contribuindo para a melhor compreensão e interpretação dos fatos ocorridos.

Para elaborar de forma eficaz um croqui, primeiramente, é preciso realizar a medida da posição de cada vestígio no local. Para isso, existem diversos métodos. A escolha do método dependerá muito da experiência e da familiaridade dos peritos com o procedimento e das condições de cada local.

O exemplo que traz com clareza a fixação dos vestígios pode ser vislumbrado de forma didática nos acidentes de trânsito. O croqui do local do acidente exige que se descrevam e se posicionem veículos, vítimas, fragmentos, marcas de frenagem, ruas e sentido de tráfego, tendo como referenciais pontos perpendiculares entre si (meio-fio, muros, prédios etc.) ou o georreferenciamento.

Todos os vestígios devem ser individualizados por identificação numérica. Também é preciso indicar o tipo de vestígio e sua localização, sempre no contexto da cena do crime.

3.2.1 Ferramentas tecnológicas de fixação do vestígio

Com a evolução tecnológica e o aumento da precisão dos instrumentos de medição e georreferenciamento, muitas vezes, é possível, inclusive, georreferenciar o vestígio e fazer a reconstrução do local de crime em ambiente 3D.

Existem no mercado ferramentas tecnológicas desde as mais simples, como TAG ou placas numeradas com dispositivo de georreferenciamento acoplado, até equipamentos sofisticados, como escâneres 3D.

As placas numeradas com dispositivo de georreferenciamento são relativamente de baixo custo e trazem grande benefício na hora da fixação dos vestígios. Existem placas com aplicações sem fio por *bluetooth* ou RFID, além de outras mais sofisticadas, com dispositivos GPS que exibem com precisão a localização de cada vestígio.

Atualmente, a modelagem 3D (feita com base em reconstrução por fotografias, cinegrafia, laser ou outros sensores) é largamente utilizada, sobretudo em locais de crime de alta complexidade.

A reconstrução 3D mais comum surge com a utilização de câmeras fotográficas posicionadas e fixadas em locais conhecidos do cenário do crime. Sabendo a posição das câmeras, é possível recriar, com a computação gráfica, o modelo 3D do local do crime.

Já o escâner 3D é um equipamento tecnológico que agrega vários sensores, desde o sensor/emissor fotográfico até sensores/emissores de medida a laser, raios X, infravermelho e campo magnético.

Conforme se acopla mais tecnologia ao escâner, agregam-se funcionalidades, que passam da simples reconstrução da cena do crime para a identificação da composição de cada objeto na cena escaneada.

É sempre importante lembrar que, ao falar em reconstrução 3D, precisamos ter em mente que a reconstrução completa de um objeto envolve procedimentos de aquisição de nuvem de pontos, alinhamento e integração de imagens. Por isso, é importante que o procedimento seja acompanhado por um profissional da área de computação forense, em especial, com conhecimento de computação gráfica.

Com a evolução tecnológica, o trabalho de fixação do vestígio vem se tornando mais rápido, preciso e eficiente. Porém, a falta de tecnologia não deve ser um limitador; pelo contrário, muitas vezes, o método clássico das placas numeradas e a narrativa atendem satisfatoriamente aos requisitos da cadeia de custódia.

Estudo de caso

Policiais chegaram a um local de homicídio e verificaram a presença de câmeras CFTV na residência.

Para executar o isolamento do local de crime, fecharam as portas e o portão da casa, não deixando que ninguém entrasse até a chegada dos peritos criminais.

Ao chegar ao local, os peritos foram em busca das imagens gravadas pelas câmeras da residência, as quais tinham ângulo para capturar toda a dinâmica do homicídio. Porém, perceberam que não havia nenhuma imagem gravada. Todas tinham sido apagadas remotamente pelo autor do crime.

O caso em tela mostra que não basta o isolamento físico do local, o profissional que primeiro chega à cena do crime deve igualmente saber isolar o vestígio cibernético.

Síntese

Neste capítulo, mostramos a importância da fase de isolamento e fixação do vestígio. Um erro na fase de isolamento do vestígio cibernético pode eliminar todos os dados por meio, por exemplo, de um apagamento remoto. Buscamos demonstrar os principais procedimentos de fixação de vestígios, como as placas numeradas e os equipamentos tecnológicos.

Para saber mais

PERITOS federais demonstram Scanner 3D. Disponível em: <https://www.youtube.com/watch?v=S9DlCQ7cvfI>. Acesso em: 25 maio 2019.

Assista à reportagem sobre o uso de escâner 3D na perícia criminal e entenda mais sobre o assunto.

Questões para revisão

1. Qual é a importância do isolamento do local de crime?
2. Qual é o procedimento para isolamento do vestígio cibernético?
3. Em razão de sua importância, a fixação do vestígio deve anteceder o isolamento do local de crime.

    Essa afirmação é:

    ( ) Verdadeira ( ) Falsa

4. A utilização apenas da descrição narrativa é suficiente para fixar um vestígio em um local de crime.

    Essa afirmação é:

    ( ) Verdadeira ( ) Falsa

5. A modelagem 3D é uma técnica que pode ser utilizada na fixação do vestígio.

    Essa afirmação é:

    ( ) Verdadeira ( ) Falsa

Questão para reflexão

1. Frequentemente, a polícia faz busca e apreensão de objetos, porém não faz a fixação deles, como é feito com os vestígios de local de crime. Reflita sobre as implicações da não fixação de objetos nas operações de busca e apreensão.

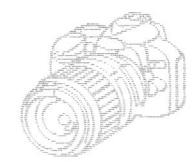

4

COLETA, ACON-DICIONAMENTO E TRANSPORTE DOS VESTÍGIOS

Conteúdos do capítulo:
- Princípios teóricos e práticos sobre a atividade da polícia científica na coleta, no acondicionamento e no transporte de vestígios.
- Métodos de coleta de vestígios.
- Procedimentos de coleta por natureza do vestígio.
- Procedimentos básicos para iniciar coleta, acondicionamento e transporte de vestígios.
- Importância da coleta, do acondicionamento e do transporte de vestígios para a manutenção da cadeia de custódia.

Após o estudo deste capítulo, você será capaz de:
1. ter noções gerais da transformação de vestígios em evidências;
2. exercitar formas de coleta de vestígios;
3. indicar os procedimentos de coleta, acondicionamento e transporte de vestígios;
4. identificar os principais conceitos técnico-científicos da coleta de vestígios;
5. exercitar/desenvolver habilidades para manutenção da cadeia de custódia na coleta, no acondicionamento e no transporte de vestígios.

4.1 Coleta, acondicionamento e transporte

A etapa de coleta de vestígios se iniciará somente após a devida documentação no contexto da cena de crime. Na coleta, devem ser consideradas as características de cada vestígio e suas necessidades de acondicionamento, embalagem e transporte.

Depois de realizado todo procedimento, com tudo devidamente identificado, plotado, fotografado, georreferenciado e descrito, o profissional inicia a fase de coleta do vestígio.

A coleta, segundo a Portaria n. 82, de 16 de julho de 2014, da Secretaria Nacional de Segurança Pública (Senasp), "consiste no ato de recolher o vestígio que será submetido à análise pericial respeitando suas características e natureza" (Brasil, 2014).

Em busca e apreensão, utiliza-se também a expressão *arrecadação do vestígio*, que nada mais é que um procedimento de coleta.

Para o vestígio ser aceito como prova, sua coleta deve ser feita seguindo procedimentos legais e protocolos cientificamente aceitos. Para isso, a Senasp publicou um livro de procedimento operacional padrão (POP) para perícia criminal contendo uma série de orientações para as principais áreas das ciências forenses.

De forma generalista, os cientistas forenses concluíram que o mínimo a ser seguido para coleta e aceitação legal de um vestígio é que ele seja identificado, individualizado, fixado, não contaminado, que cumpra os requisitos legais e siga o protocolo de cadeia de custódia.

Veja o que diz o item 3 da Portaria n. 82/2014 sobre a coleta de vestígios:

> 3. Do manuseio do vestígio
>
> 3.1. Na coleta de vestígio deverão ser observados os seguintes requisitos mínimos:

a) realização por profissionais de perícia criminal ou, excepcionalmente, na falta destes, por pessoa investida de função pública, nos termos da legislação vigente;
b) realização com a utilização de equipamento de proteção individual (EPI) e materiais específicos para tal fim;
c) numeração inequívoca do vestígio de maneira a individualizá-lo.

3.2. O recipiente para acondicionamento do vestígio será determinado pela natureza do material, podendo ser utilizados: sacos plásticos, envelopes, frascos e caixas descartáveis ou caixas térmicas, dentre outros.

3.3. Todos os recipientes deverão ser selados com lacres, com numeração individualizada, de forma a garantir a inviolabilidade e idoneidade do vestígio durante o transporte.

3.4. O recipiente deverá individualizar o vestígio, preservar suas características, impedir contaminação e vazamento, ter grau de resistência adequado e espaço para registro de informações sobre seu conteúdo.

3.5. Todos os vestígios coletados deverão ser registrados individualmente em formulário próprio no qual deverão constar, no mínimo, as seguintes informações:
a) especificação do vestígio;
b) quantidade;
c) identificação numérica individualizadora;
d) local exato e data da coleta;
e) órgão e o nome/identificação funcional do agente coletor;
f) nome/identificação funcional do agente entregador e o órgão de destino (transferência da custódia);
g) nome/identificação funcional do agente recebedor e o protocolo de recebimento;
h) assinaturas e rubricas;
i) número de procedimento e respectiva unidade de polícia judiciária a que o vestígio estiver vinculado.

3.6. O recipiente só poderá ser aberto pelo perito que vai proceder à análise e, motivadamente, por pessoas autorizadas.

3.7. Após cada rompimento de lacre, deve se fazer constar na ficha de acompanhamento de vestígio o nome e matrícula do responsável, a data, o local, a finalidade, bem como as informações referentes ao novo lacre utilizado.

3.8. O lacre rompido deverá ser acondicionado no interior do novo recipiente. (Brasil, 2014)

Uma dúvida comum na etapa de coleta é: Quais vestígios coletados serão levados pela equipe pericial e quais serão deixados para encaminhamento e transporte pela autoridade policial?

Como regra geral, os objetos que tiverem relação com o fato, descritos no inciso II anteriormente, são os vestígios encontrados pela perícia no processamento do local. Como os vestígios fornecerão informações de contexto na cena de crime (por exemplo, posição e forma das manchas de sangue) e informações intrínsecas oriundas de análises posteriores (perfil de DNA para o sangue coletado), eles devem, em grande parte, ser encaminhados para outras análises periciais. Nesse caso, o perito leva consigo amostras ou vestígios cujas análises posteriores serão necessárias para suas conclusões. Ao fazer isso, deve informar tal procedimento, ainda no local do crime, durante o ato da liberação do local e, depois, relatar detalhadamente no laudo quais vestígios foram deixados a cargo da autoridade policial e quais foram levados pela equipe pericial.

Na coleta de vestígios, é preciso tomar diversos cuidados, considerando o tipo do vestígio, a quantidade, a qualidade, as condições ambientais e o risco de contaminação.

Para a ordem de coleta, é necessário priorizar os vestígios voláteis. Em geral, os que correm mais risco de ser perdidos ou danificados por influências ambientais (por exemplo, marca de calçado na areia) ou por contaminação decorrente de um método de coleta de outro vestígio (por exemplo, fibras presentes num suporte podem ser contaminadas durante a coleta de impressões digitais no mesmo suporte) devem ser recolhidos e acondicionados em primeiro lugar.

Sempre que a coleta de um vestígio implicar perda de outro, a preferência é daquele que, em razão do tipo de crime, natureza e estado de preservação, apresente maior potencial probatório ou interesse criminalístico. Pode ser o caso de decidir entre a coleta de uma amostra de DNA de contato (por exemplo, obtido do contato de digitais) e um método de levantamento de impressões papilares.

O detalhamento das técnicas de coleta de cada tipo de vestígio, que vão variar de acordo com sua natureza e sua classificação, será exposto posteriormente.

Sempre que possível, os vestígios devem ser coletados em sua totalidade. No entanto, em razão de sua natureza, muitas vezes, é necessário o emprego de outras técnicas.

4.1.1 Coleta de vestígio cibernético

Um dos vestígios de maior volatilidade e complexidade de isolamento, fixação e coleta é o cibernético.

A primeira fase da coleta consiste em prevenir que o vestígio investigado sofra alterações, garantindo sua validade com prova no futuro. É importante ressaltar que nem sempre isso é possível, uma vez que a própria interação do investigador com o vestígio pode alterá-lo.

Para preservá-lo, é de suma importância planejar a operação, em especial, quando se trata de busca e apreensão. Dada a importância da coleta de vestígio cibernético, foi criado um POP para essa modalidade de busca e apreensão.

O POP de busca e apreensão recomenda a participação de peritos criminais da área de computação no planejamento da operação, justamente para preservar o vestígio e minimizar as chances de perda.

Recomenda-se que a busca e apreensão de vestígios cibernéticos seja precedida e planejada de forma a abranger os seguintes procedimentos, quando possível:

- **Ordem judicial para coleta de informações cibernéticas** – Obtenção de autorização judicial para coletar de forma remota informações sobre o alvo da busca e apreensão, incluindo varredura de rede, serviços em nuvem, acesso e busca de vulnerabilidades, monitoramento, interceptação telemática e ambiental pelo ambiente cibernético (incluindo coleta de áudio e vídeo de câmeras de telefones celulares e CFTV [circuito fechado de TV]).
- **Coleta de informações** – Coletar informações relevantes do alvo, como ramo de atuação, existência de filiais ou outros domicílios, serviços prestados, endereços físicos e remotos (serviços na nuvem), correios eletrônicos, Imei (*International Mobile Equipment Identity*) de celulares, sistemas utilizados, infraestrutura de rede etc.
- **Mapeamento de rede e varredura** – Mapear a rede do alvo para descobrir toda a topologia de rede, endereços de IP utilizados, computadores conectados, sistemas operacionais, portas abertas etc.
- **Enumeração de serviços, acesso e busca de vulnerabilidades** – Procurar por serviços e sistemas executados no alvo que contenham vulnerabilidades ou permitam o monitoramento e a coleta de vestígios remotos.
- **Preservação dos vestígios cibernéticos** – Com base nas informações coletadas, emitir ofícios aos provedores de aplicação e de conexão para preservar dados (*backup*) das contas utilizadas pelo alvo.

Superado o planejamento, a preservação e a coleta de dados remotos, uma infinidade de cenários pode ser encontrada pelas equipes de busca e apreensão. Porém, um bom planejamento permite minimizar as surpresas.

Ao chegar a um local de busca e apreensão ou local de crime, a recomendação é avaliar cada situação individualmente para preservar o maior número de vestígios.

No caso de um computador (desktop, notebook ou servidor), a forma de atuação varia caso ele esteja ligado ou desligado.

Se o computador estiver ligado, é imprescindível que seja coletada a memória volátil, em especial a memória RAM, ressaltando que toda manipulação do vestígio deve ser documentada e relatada detalhadamente com data e hora.

Na maioria dos casos, o procedimento adotado para a preservação de mídias de armazenamento computacional é a duplicação forense, que consiste na cópia exata de todos os bits contidos na mídia questionada para outra mídia. Apesar desse procedimento poder ser realizado no próprio local, como costuma levar tempo, geralmente é realizado em laboratório.

> Imagine a seguinte situação: durante uma investigação, o agente se depara com um computador ligado e desbloqueado. O protocolo adotado antigamente recomendava desligar o equipamento, desconectando-o da tomada ou removendo sua bateria. Suponha, entretanto, que os arquivos do usuário estivessem criptografados. Ao desligar o computador sem qualquer análise prévia, essas informações receberiam uma camada adicional de criptografia, prejudicando os exames futuros. Desse modo, a recomendação atual é avaliar cada situação individualmente e, caso necessário, até mesmo copiar os dados julgados relevantes antes de desligar o equipamento.

Vale lembrar que toda essa interação não invalida o vestígio. Então, como responder a questionamentos sobre a manipulação indevida do computador? Pela documentação. O investigador deverá registrar todas as interações que fizer, desde o primeiro contato com o equipamento até seu desligamento. Um exemplo de como essa documentação poderia ser feita é mostrado na Figura 4.1.

Figura 4.1 – Exemplo de planilha descrevendo as interações do perito

Endereço: _____

Cômodo/Sala em que foi encontrado: _____

Estado: ( ) Desligado ( ) Ligado e bloqueado (X) Ligado e desbloqueado

Número de série: _____

Outras características individualizadoras: _____

_____

_____

Hora	Ação	Observação
06h03	Equipamento identificado e fotografado	-------------------------------
06h05	Inserção do pendrive pericial	-------------------------------
06h06	Execução do programa FTK Imager para preservação da memória RAM	O conteúdo da memória RAM foi copiado para o arquivo "mem.dd", no pendrive pericial
06h21	Execução do aplicativo Prompt de Comando	-------------------------------
06h21	Execução do programa Volatility para identificar *softwares* em execução e conexões de rede abertas	Resultado disponibilizado no arquivo "volatility.txt", no *pen drive* pericial
06h21	Execução do programa XXX para identificação de programas de criptografia	Nenhum programa foi encontrado
06h22	Cópia do diretório "C:\Users\Usuário 01\Documents" utilizando o aplicativo FTK Imager	O diretório foi copiado para o arquivo "documentos.E01", no *pen drive* pericial
06h53	Desligamento do equipamento	-------------------------------

[Local], [dia] de [mês] de [ano]

_____
Perito responsável

_____
Testemunha 1

_____
Testemunha 2

A partir deste ponto, vamos mostrar algumas das técnicas e das ferramentas cotidianas utilizadas para identificar os mais variados vestígios cibernéticos, provenientes tanto de computadores quanto da internet. O objetivo principal é focar nos vestígios que têm mais chance de determinar a autoria do incidente investigado.

4.1.1.1 Coleta de vestígio em computadores

Considerando que a família de sistemas operacionais Microsoft Windows é a mais popular, tanto no ambiente corporativo quanto no doméstico, vamos dar ênfase a esses sistemas.

A coleta de vestígios em computadores, assim como em qualquer outro equipamento computacional, deve seguir a ordem de volatilidade. Porém, alguns vestígios são clássicos e devem ser coletados.

Os **arquivos de *log*** mantêm registros históricos de ocorrências relacionadas ao funcionamento do sistema operacional e demais aplicativos. São extremamente úteis por documentarem o que aconteceu em um computador de forma cronológica.

Nos sistemas Linux e Unix, esses arquivos estão no formato de texto, o que permite que sejam lidos de maneira fácil pela maioria dos editores de texto, como o Bloco de Notas. Cabe ressaltar, no entanto, que esse aplicativo não trabalha muito bem com arquivos grandes; logo, pode-se preferir utilizar outras opções, como o Notepad++.

Nos sistemas Windows, os arquivos de log são chamados de *logs de eventos* e têm um formato diferente, denominado *BXML* (XML binário). A melhor maneira de visualizá-los é utilizar o próprio Visualizador de eventos, presente por padrão no Windows.

A **lixeira** também é um local clássico para coleta de vestígios, pois é uma pasta especial nos sistemas operacionais com interface gráfica e para onde são copiados os arquivos apagados pelo usuário. Normalmente, cada usuário tem a própria lixeira. Os arquivos enviados para esse local costumam receber nova nomenclatura, mas que é facilmente revertida por meio do emprego de ferramentas apropriadas. Nos sistemas Windows, para cada arquivo enviado para a lixeira, dois arquivos serão criados, como mostrado na Figura 4.2.

Figura 4.2 – Arquivos enviados para a lixeira

```
$I7AYJGJ
$ICQQKAM
$IDCHIDW
$IQUA3NH.docx
$IRCDABZ.exe
$IRF9A9Q.zip
$ITA292A.asd
$IVDBSMT.xlsb
$IVDBSMT.xlsb
$IYCNK0K
$IZP3QP8.7z
$RQUA3NH.docx
$RRCDABZ.exe
$RRF9A9Q.zip
```

O arquivo propriamente dito recebe um novo nome, iniciado por $R e seguido de seis caracteres aleatórios. Sua extensão permanece a mesma. O segundo arquivo é iniciado por $I, seguido pelos mesmos seis caracteres, e contém informações sobre o arquivo original, como tamanho, data em que foi excluído, além do caminho e do nome original.

Outro local clássico de coleta são os arquivos do tipo **atalho**, que permitem aos usuários acessar programas sem se preocupar com sua localização real. Por exemplo, é possível abrir uma planilha de controle de gastos localizada na pasta Meus documentos por meio de um atalho no *desktop*.

Nos sistemas operacionais Windows, esse tipo de arquivo mantém uma série de informações extremamente úteis, mesmo após a exclusão do arquivo-alvo.

As **miniaturas**, ou *thumbnails*, contêm uma cópia reduzida de arquivos do formato de imagens e vídeos. Esses arquivos são excelentes para identificar a presença de uma imagem que já tenha sido apagada do sistema.

No Windows, esses arquivos são identificados pela nomenclatura "thumbcache_XXXX.db", sendo XXXX a resolução da imagem. Esses arquivos ficam armazenados na pasta Users\<usuário>\AppData\Local\Microsoft\Windows\Explorer.

O **registro** do Windows é uma base de dados que armazena informações, de forma hierárquica, sobre o sistema operacional, sobre os aplicativos instalados e sobre os usuários do sistema. Sua estrutura se assemelha à de pastas e arquivos mostrados via Windows Explorer.

Além de armazenar informações sobre as configurações do sistema, o registro funciona como uma espécie de arquivo de log, permitindo identificar quando um usuário executou determinado programa, por exemplo.

Apesar de ter uma estrutura centralizada, na realidade, o registro do Windows é composto de vários arquivos localizados em pastas diferentes. O Quadro 4.1 mostra algumas informações essenciais desses arquivos.

Quadro 4.1 – Principais arquivos do registro do Windows

Arquivo	Diretório	Caminho no Editor do registro	Observação
BCD	Boot ou EFI\Microsoft\Boot	HKEY_LOCAL_MACHINE\BCD00000000	Informações sobre a inicialização do sistema operacional
SAM	Windows\System32\Config	HKEY_LOCAL_MACHINE\SAM	Base de dados contendo as contas de usuários, senhas e grupos
SECURITY	Windows\System32\Config	HKEY_LOCAL_MACHINE\SECURITY	Políticas de segurança de usuários e do computador local

(continua)

(Quadro 4.1 – conclusão)

Arquivo	Diretório	Caminho no Editor do registro	Observação
SOFTWARE	Windows\System32\Config	HKEY_LOCAL_MACHINE\SOFTWARE	Configurações dos aplicativos e algumas configurações do Windows
SYSTEM	Windows\System32\Config	HKEY_LOCAL_MACHINE\SYSTEM	Configurações do sistema operacional
NTUSER.DAT	Users\<usuário>	HKEY_USERS\<usuário>	Configurações dos usuários

Uma excelente ferramenta utilizada para análise do registro é o RegRipper, que conta com uma série de *plug-ins* para interpretar as informações armazenadas nessa base de dados.

A **memória RAM** é o local no qual as informações são armazenadas de forma volátil. Elas são perdidas caso o computador seja desligado. Exemplos desses tipos de informações são a área de transferência, as conexões de rede ativas, os processos em execução e até as senhas.

Logo, para resguardar essas informações, é fundamental preservar o conteúdo da memória RAM. Para isso, existe uma série de ferramentas, como FTK Imager, Redline, MoonSols, Windows Memory Toolkit e RamCapturer.

A memória RAM é um dos vestígios cibernéticos mais importantes e deve ser coletada, pois pode conter informações decisivas para a resolução do caso e a análise laboratorial do vestígio cibernético.

Uma vez capturadas, as informações podem ser analisadas pelo aplicativo Volatility ou equivalente.

4.1.1.2 Coleta de vestígio na internet

Como tudo se informa e comunica pelo ambiente computacional, em especial pela rede mundial de computadores, as redes sociais, as páginas da internet e as mensagens, são fontes riquíssimas para a coleta de vestígios cibernéticos. O **histórico de navegação** e o *e-mail* são exemplos de vestígios que devem ser coletados.

Sendo um dos programas mais utilizados pelos usuários da internet, é fundamental conhecer que tipos de rastros os navegadores deixam em um computador:

- **Histórico** – Endereços dos *sites* visitados pelo usuário. A maioria dos navegadores permite ao próprio usuário apagar esse histórico ou mesmo desabilitá-lo, que é um recurso conhecido *como modo incógnito* ou *privado*.
- **Cache** – É uma cópia local dos arquivos acessados pelo navegador, facilitando o acesso posterior aos *sites* visitados.
- *Cookie* – É um arquivo de texto armazenado localmente pelo navegador e que contém informações sobre a autenticação, a preferência ou as compras de um usuário.

Esses artefatos podem ser encontrados na pasta do perfil do usuário. Seu formato e sua localização exata variam conforme o sistema operacional e o navegador utilizado. Alguns dos programas recomendados para a análise dos rastros deixados pelos *browsers* são BrowsingHistoryView, ChromeHistoryView e IEHistoryView, todos do fabricante Nirsoft.

O correio eletrônico, por sua vez, ainda é uma forma de comunicação muito utilizada, o que torna a identificação de origem de uma mensagem das solicitações mais comuns.

Para alcançar esse objetivo, é preciso buscar informações que vão além do exibido por padrão pelos programas clientes de *e-mail*. Uma mensagem de correio eletrônico pode ser dividida em três partes:

1. **Corpo** – É a parte da mensagem exibida aos usuários nos programas de *e-mail*.
2. **Anexos** – São arquivos enviados juntamente com a mensagem e muito utilizados para a transmissão de programas maliciosos.

3. **Cabeçalho** – É a parte que normalmente não é mostrada pelos aplicativos de *e-mail* e contém as informações sobre o roteamento da mensagem, indicando os endereços de IP dos servidores por onde passou. Em alguns *softwares* de *e-mail*, é chamado de *código-fonte da mensagem*. Essa é a parte da mensagem útil para determinar sua origem.

Figura 4.3 – Cabeçalho de uma mensagem de correio eletrônico

```
Delivered-To: xxxxxxxx@gmail.com
Received: by 10.31.108.75 with SMTP id h72csp33252vkc;
        Thu, 20 Oct 2016 11:07:17 -0700 (PDT)
X-Received: by 10.200.51.87 with SMTP id u23mr1684603qta.124.1476986837912;
        Thu, 20 Oct 2016 11:07:17 -0700 (PDT)
Return-Path: <rodrigo.santos@wiseup.com>
Received: from mind03.mindset.net.br (mailcf.wiseup.com. [201.94.148.203])
        by mx.google.com with ESMTPS id b184si28053392qkg.110.2016.10.20.11.07.17
        (version=TLS1 cipher=AES128-SHA bits=128/128);
        Thu, 20 Oct 2016 11:07:17 -0700 (PDT)
Received-SPF: pass (google.com: domain of rodrigo.santos@wiseup.com designates 201.94.148.203 as permitted sender) client-ip=201.94.148.203;
Authentication-Results: mx.google.com;
       spf=pass (google.com: domain of rodrigo.santos@wiseup.com designates 201.94.148.203 as permitted sender)
smtp.mailfrom=rodrigo.santos@wiseup.com
Received: from jow-PC (200-140-57-133.gnace702.dsl.brasiltelecom.net.br [200.140.57.133])
        (Authenticated sender: rodrigo.santos@wiseup.com)
        by mind03.mindset.net.br (Postfix) with ESMTP id BA2B5CB1BED;
        Thu, 20 Oct 2016 15:12:17 -0200 (BRST)
From: "Banco Santannder S/a" <rodrigo.santos@wiseup.com>
Subject: Comunicado Santander,Cadastro Pendente.
To: eguni@bol.com.br
Content-Type: text/html;
Reply-To: rodrigo.santos@wiseup.com
Date: Thu, 20 Oct 2016 15:12:24 -0200
X-Priority: 1
X-Library: Indy 8.0.25
Message-Id: <20161020171218.BA2B5CB1BED@mind03.mindset.net.br>

<br>
<a href="http://bit.ly/2dp23Sw"><img border="0" src="http://bit.ly/2eHV3wh"></a>
</font>
```

O cabeçalho pode ser divido em seções iniciadas pela palavra *received*. Essas seções são a parte mais importante do cabeçalho, uma vez que indicam os endereços de IP dos servidores de *e-mail* por onde a mensagem transitou. A seção também informa o horário em que a mensagem passou pelo servidor com o fuso incluído.

De acordo com a preferência, pode-se utilizar uma ferramenta de análise automatizada, como a disponível no seguinte endereço: <https://whatismyipaddress.com/trace-email>.

Figura 4.4 – Análise do cabeçalho da mensagem

Delivered-To: xxxxxxxx@gmail.com
Received: by 10.31.108.75 with SMTP id h72csp33252vkc; Thu, 20 Oct 2016 11:07:17 -0700 (PDT)
X-Received: by 10.200.51.87 with SMTP id u23mr1684603qta.124.1476986837912; Thu, 20 Oct 2016 11:07:17 -0700 (PDT)
Return-Path: <.santos@.com>
Received: from mind03..net.br (mailcf..com. [201.94.148.203]) by mx..com with ESMTPS id b184si28053392qkg.110.2016.10.20.11.07.17 (version=TLS1 cipher=AES128-SHA bits=128/128); Thu, 20 Oct 2016 11:07:17 -0700 (PDT)
Received-SPF: pass (.com: domain of .santos@.com designates 201.94.148.203 as permitted sender) client-ip=201.94.148.203;
Authentication-Results: mx..com; spf=pass (.com: domain of .santos@.com designates 201.94.148.203 as permitted sender) smtp.mailfrom=.santos@.com
Received: from jow-PC (200-140-57-133.gnace702.dsl..net.br [200.140.57.133]) (Authenticated sender: .santos@.com) by mind03..net.br (Postfix) with ESMTP id BA2B5CB1BED; Thu, 20 Oct 2016 15:12:17 -0200 (BRST)
From: "Banco S/a" <.santos@.com>
Subject: Comunicado ,Cadastro Pendente.
To: eguni@.com.br
Content-Type: text/html;
Reply-To: .santos@.com
Date: Thu, 20 Oct 2016 15:12:24 -0200
X-Priority: 1
X-Library: Indy 8.0.25
Message-Id: <20161020171218.BA2B5CB1BED@mind03..net.br>

De posse do endereço de IP inicial, o analista já pode identificar o provedor responsável para, em seguida, identificar o autor da mensagem. Os detalhes sobre como encontrar o provedor responsável por um endereço de IP serão vistos na próxima seção.

Outra solicitação comum relacionada a vestígios na internet é a investigação sobre a publicação de conteúdo em um *site*. Tendo em mente como as informações disponibilizadas nesse meio são muito voláteis, esse conteúdo deve ser preservado assim que possível, permitindo sua utilização como prova e viabilizando que seja examinado mesmo se o conteúdo for apagado.

A maneira mais indicada para salvar as informações de uma única página ou de um *site* inteiro é usar ferramentas como WGET e CURL, para uso em linha de comando, e HTTRACK, para quem prefere a interface gráfica.

Mas o que fazer se o conteúdo já tiver sido removido da internet? Antes de entrar em pânico, ainda restam duas abordagens. A primeira é utilizar uma opção quase desconhecida dos serviços de busca, como Google e Bing: o cache, mostrado na Figura 4.5.

Figura 4.5 – Opção de visualizar a cópia em *cache* de uma página *web* pelo Google

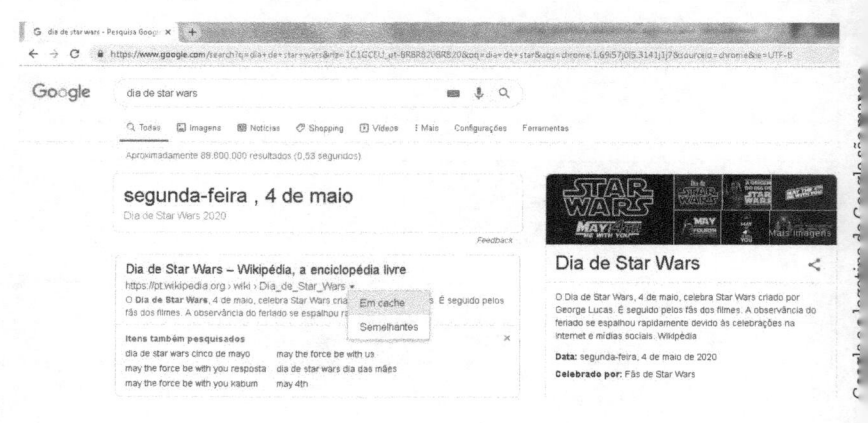

A segunda opção é partir para o serviço Way Back Machine, localizado no endereço <http://archive.org/web> e que mantém versões históricas de vários *websites*. Após a preservação do conteúdo, o passo seguinte é identificar a pessoa responsável por sua publicação. Isso pode ser feito pesquisando quem é o responsável pelo domínio sob investigação utilizando serviços como Registro.BR, InterNIC e Network Solutions, ou mesmo comandos como o whois, que costuma estar presente em sistemas Linux e Unix. A Figura 4.6 mostra o resultado da consulta feita para o domínio brasil.gov.br.

Figura 4.6 – Informações sobre o domínio brasil.gov.br

```
D:\>whois brasil.gov.br

Whois v1.20 - Domain information lookup
Copyright (C) 2005-2017 Mark Russinovich
Sysinternals - www.sysinternals.com

Connecting to BR.whois-servers.net...

domain:         brasil.gov.br
owner:          PRESIDÊNCIA DA REPÚBLICA
ownerid:        00.394.411/0001-09
responsible:    Secretaria de Administração
country:        BR
owner-c:        MAR79
admin-c:        MAR79
tech-c:         MAR79
billing-c:      MAR79
nserver:        alpha.planalto.gov.br
nsstat:         20190805 AA
nslastaa:       20190805
nserver:        alpha2.planalto.gov.br
nsstat:         20190805 AA
nslastaa:       20190805
created:        19961206 #24188
changed:        20161222
status:         published

nic-hdl-br:     MAR79
person:         Coord. Tecnologia de Rede
e-mail:         asn.presidencia@presidencia.gov.br
country:        BR
created:        19980526
changed:        20171024
```

Cabe ressaltar que os mesmos procedimentos de identificação de domínio também podem ser utilizados para determinar o provedor responsável por um endereço de IP.

4.1.1.3 Coleta de aparelho celular

Para melhor exemplificar a coleta de um vestígio cibernético, foram criados três cenários possíveis envolvendo aparelho celular em uma cena de crime.

O **primeiro cenário** é de um aparelho celular ligado e desbloqueado. O que fazer para isolar, fixar e coletar corretamente esse vestígio?

Se o profissional desligar o aparelho, pode ocorrer o acionamento do mecanismo de bloqueio, com a possível perda do acesso aos dados da memória em virtude de um sistema de segurança inquebrável.

Se o profissional deixar o aparelho ligado, pode ocorrer o recebimento, via internet, de um comando para apagamento de todos os dados da memória (*wipe*) ou pode ocorrer a sobreposição de dados com o recebimento de chamadas ou mensagens.

Por isso, no caso do cenário apresentado, é importante isolar o aparelho celular, colocando-o em modo avião ou utilizando uma sacola de Faraday (Figura 4.7). Sempre que possível, deve-se retirar o bloqueio automático, habilitar mecanismos de depuração USB e desligar o aparelho. Caso não seja possível realizar os procedimentos descritos, é possível aumentar o tempo de bloqueio automático, manter o aparelho carregado e levá-lo imediatamente para um laboratório.

Figura 4.7 – Sacola de Faraday

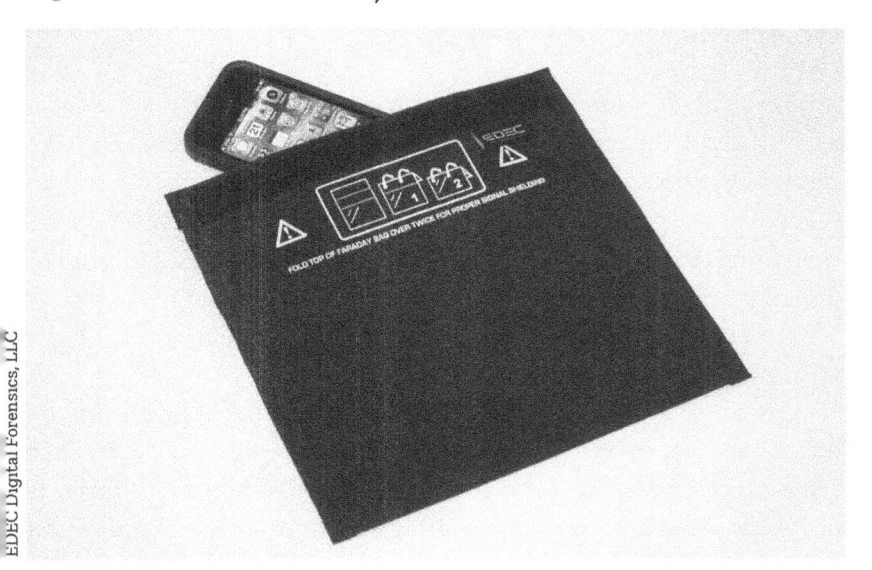

Após constatar que é apropriado desligar o aparelho celular, é recomendável retirar a bateria e fixá-la com fita isolante no corpo do aparelho, bem como retirar o cartão SIM e numerá-lo conforme o slot de onde foi extraído.

No **segundo cenário**, o profissional encontra um aparelho celular ligado e bloqueado por senha. O que fazer?

Se deixar o aparelho ligado, pode ocorrer o recebimento, via internet, de um comando para apagamento de todos os dados da memória (*wipe*) ou a sobreposição de dados com o recebimento de chamadas ou mensagens, como dissemos.

O cenário em que o celular está bloqueado é o mais frequente. Isso porque a maioria de aparelhos celulares permite o bloqueio por senha, e os usuários configuram esse mecanismo de bloqueio do aparelho celular.

Como o bloqueio ocorre depois de poucos segundos de inatividade, o profissional encontra um aparelho celular em uma cena de crime já bloqueado.

É recomendado realizar a busca pela senha, seja perguntando para um parente, cônjuge, seja avaliando anotações e outros dispositivos eletrônicos.

Em locais de crime, não raro, o proprietário ou o usuário do celular está em óbito. Em casos em que o aparelho celular está bloqueado por senha biométrica, por reconhecimento facial ou por impressão papilar, recomenda-se que o profissional que está realizando a coleta do vestígio tente desbloquear o aparelho utilizando o rosto ou a impressão digital da vítima no local.

No **terceiro cenário**, o aparelho celular está desligado. O que fazer para isolar, fixar e coletar o vestígio?

Qualquer vestígio cibernético que estiver no local de crime ou busca e apreensão desligado deve ser mantido desligado. Deve, então, ser seguido o protocolo de retirar a bateria e fixá-la com fita isolante na tela do aparelho, bem como retirar o cartão SIM e numerá-lo conforme o *slot* de onde foi extraído.

Lembramos que, em qualquer um dos cenários, o profissional deve sempre seguir os procedimentos de isolamento (proteger contra degradação e contaminação), fixação (croqui, fotografia, vídeo, georreferenciamento do vestígio) e de cadeia de custódia (embalagem adequada, lacre, documentação).

A coleta de vestígio deve seguir uma ordem de volatilidade e importância para o caso. Imagine que, em um local de suposto homicídio, uma residência, foi encontrado um aparelho celular no jardim. Ele estava ligado e não era possível saber, pela observação, se estava bloqueado, apagado etc. Qual é o procedimento a ser realizado? Isolar o aparelho celular tentando colocá-lo em modo avião? O que é mais importante para a resolução do caso de homicídio: os dados que estão no celular ou quem manuseou o aparelho?

O profissional deve tomar essa decisão no local. Se ele manipular o celular para colocar em modo avião, pode perder vestígios importantes, como impressão papilar no vidro ou corpo do aparelho, material genético deixado pela saliva da fala ou células epiteliais da orelha.

Portanto, sempre que encontrar um vestígio, seja de qual natureza for, o profissional deve sempre observar a ordem de volatilidade e a relevância para a investigação, devendo tomar a decisão sobre qual vestígio priorizar. Veja, a seguir, um diagrama de fluxo para os procedimentos que acabamos de descrever.

Figura 4.8 – Diagrama de fluxo para a coleta de aparelho celular

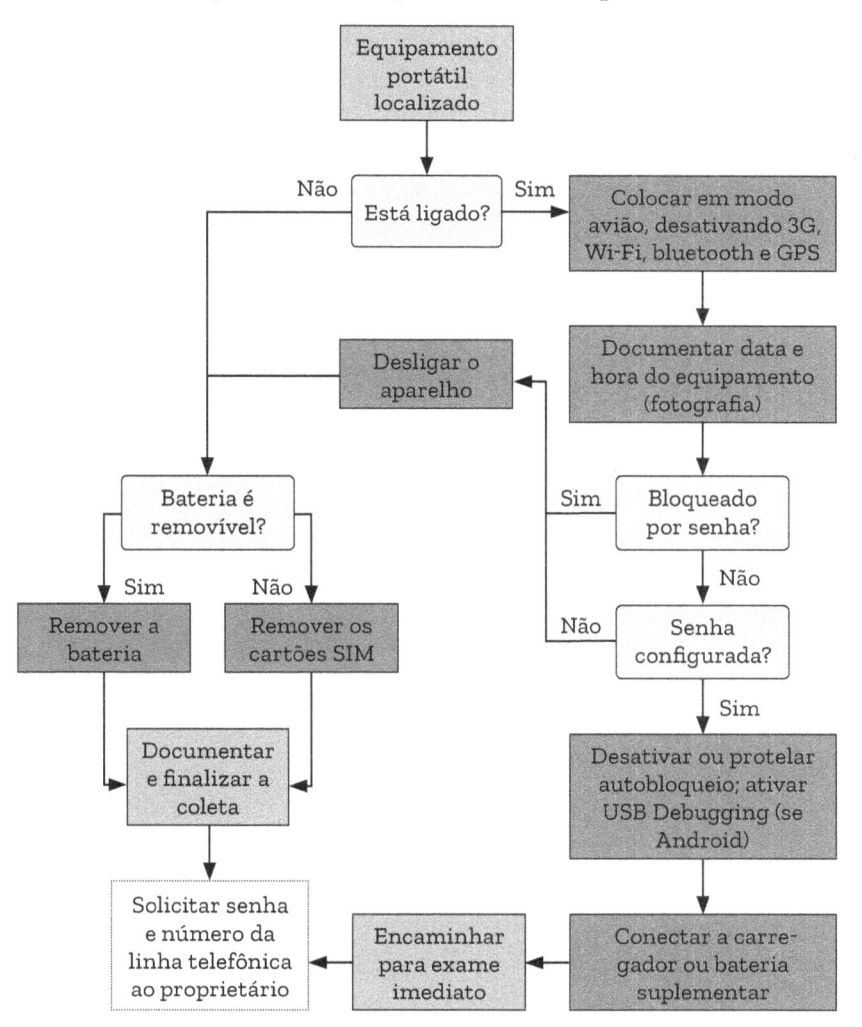

Fonte: Velho, 2016.

4.1.2 Coleta de vestígios biológicos

Vestígios de natureza biológica trazem consigo uma carga informacional de grande potencial para a perícia, por isso são a matéria-prima para exames laboratoriais. Esses vestígios permitem identificar autoria, traçar a dinâmica do crime, associar a cena do crime a suspeitos ou mesmo excluir a participação de um indivíduo.

Saber reconhecer, isolar e coletar esses vestígios deve fazer parte das habilidades dos profissionais que atuam em cenas de crimes, pois, com frequência, fluidos ou elementos biológicos são encontrados. Sangue, sêmen, saliva, urina, vômito e fezes são comuns em locais de crime, em especial, no caso de morte violenta.

Além dos fluidos biológicos, são de interesse pericial outros elementos, como pelos, fibras, insetos e plantas, os quais podem auxiliar na determinação de localização e estimativa de data ou hora da morte.

Cada vestígio biológico está ligado a uma das seis áreas das ciências forenses: genética molecular forense, citologia forense, hematologia forense, tricologia forense, entomologia forense e botânica forense. Porém, não são áreas excludentes nem um rol taxativo, pois as ciências forenses são transdisciplinares.

A **genética forense** é a área da biologia que ganhou maior notoriedade nos últimos anos com suas técnicas probabilisticamente perfeitas de identificação humana. A consagração da genética ocorreu no Brasil com a criação do banco de perfis genéticos, o qual permitiu a integração dos órgãos de perícia de todo o país. Atualmente, qualquer laboratório da rede de perfis genéticos pode inserir e consultar perfis nesse banco.

A **citologia forense** é a área que estuda, por meio da microscopia, o tipo de células presentes em determinado vestígio. O exame de citologia forense mais comum é a busca por células de gametas masculinos em crimes sexuais. A citologia tem uma infinidade de aplicações e permeia as mais diversas áreas da biologia e da medicina legal, desde a triagem de sêmen até complexos exames de morfologia celular.

A **hematologia forense** se dedica à análise do sangue. Seu ramo de estudo mais expoente é o que pesquisa a dinâmica das manchas de sangue, mas também existem ramos que se dedicam ao estudo dos tipos sanguíneos.

A **tricologia forense** pesquisa cabelos, pelos e fibras. Essa área pode ser fundamental na resolução de um crime, em razão da morfologia, da geografia ou da identificação do vestígio e de seu contexto ambiental.

A **entomologia forense** tem como missão estudar os insetos presentes no local de crime. É uma ferramenta importantíssima na determinação da data e da hora da morte e pode servir de referência para determinar a ecologia do local pós-morte.

A **botânica forense** compreende o estudo da fisiologia, da anatomia e da taxonomia vegetal com fulcro na elucidação de crimes. Nesse ramo, podemos distinguir didaticamente os vestígios quando o material vegetal é o meio para elucidar um crime e quando o material vegetal é o alvo do crime. Um exemplo dessa classificação é quando se encontra pólen de determinada espécie endêmica nas vestes do suspeito; nesse caso, o vestígio biológico vai ser utilizado para solucionar o crime. Por outro lado, podemos encontrar a supressão de uma árvore em área de preservação; nesse caso, o material vegetal foi o alvo do crime ambiental.

4.1.2.1 Procedimentos para a coleta de vestígios biológicos

O vestígio biológico pode estar fixado nos mais diversos suportes, porém algum são mais comuns e podem ser classificados didaticamente como referência para a coleta.

Os suportes mais comuns são preservativos masculinos, peças de vestuário e roupas de cama, fluidos líquidos e fluidos impregnados em objetos móveis e imóveis.

- **Preservativos** – Para realizar a coleta de material biológico presente em preservativos, é importante observar se ele contém algum fluido internamente. Nesse caso, o profissional deve atar a extremidade aberta do preservativo com um nó, evitando o extravasamento do fluido. Não pode haver contato do conteúdo interno com o externo do preservativo. Feita essa preparação inicial, o profissional deve enviar o material imediatamente para o laboratório em placas de Petri descartáveis ou sacos plásticos, seguindo as normas de cadeia de custódia. Caso não seja possível encaminhar o material imediatamente, a amostra permanece em central de custódia provisória com climatização de 2 a 8 °C.

- **Vestes** – As peças de vestuário devem ser preparadas antes de ser submetidas ao armazenamento e ao transporte. O primeiro passo é a secagem em temperatura ambiente e em ambiente controlado para não ocorrer a contaminação. Em seguida, o profissional deve acondicionar o material em sacos de papel ou caixas de papelão, seguindo as normas de cadeia de custódia. Caso não seja possível o encaminhamento do material ao laboratório logo após a secagem, o material fica armazenado em condições de temperatura e umidade controladas, evitando luz solar e calor excessivo.
- **Líquidos** – Os materiais biológicos liquefeitos podem ser coletados em tubos ou *swabs* (cotonetes de esfregaço) estéreis. No caso de coletas com *swabs*, o profissional deve realizar a secagem do *swabs* em local ventilado e abrigado da luz solar antes de lacrar o material e encaminhar ao laboratório. Caso não seja possível o encaminhamento imediato, principalmente do líquido, o profissional deve providenciar o armazenamento em ambiente refrigerado a aproximadamente –20 °C até encaminhar ao laboratório em caixas térmicas.
- **Líquidos impregnados em objetos móveis** – Objetos em cenas de crimes, como carpete, madeira, reboco e colchão, podem ser impregnados por material biológico líquido, por exemplo, sangue e esperma. Nesses casos, o profissional pode optar por coletar todo objeto e seguir os mesmos procedimentos de secagem, preservação e transporte descritos.

- **Líquidos impregnados em objetos imóveis** – Objetos fixos ou grandes não são transportáveis para o laboratório. Isso exige que o profissional realize a coleta do vestígio por fricção do *swab* para extrair uma amostra. Nesses casos, é preciso umedecer o *swab* com água destilada ou soro fisiológico estéril e realizar a coleta. Em seguida, são realizados os mesmos procedimentos de secagem, preservação e transporte descritos.

4.2 Coleta de vestígios em medicina legal

A medicina legal é a área das ciências forenses que tem a função de investigar cientificamente toda forma de dano ou alteração que atinge o ser humano para a correta aplicação da justiça.

Se, para a computação, o computador é o vestígio principal, para a medicina legal, o principal vestígio é o corpo humano.

É importante ressaltar a complexidade do nosso corpo e a infinidade de vestígios que ele pode revelar, que vão desde vestígios físicos de um cadáver até a própria mente humana em um exame psiquiátrico.

O trabalho do médico legal é realizado pelo exame pericial. Ele pode atender a diferentes solicitações da justiça, mas prioritariamente às alçadas criminal e civil.

A coleta de vestígios de medicina legal pode ser executada tanto no indivíduo vivo como no indivíduo morto, de acordo com Velho, Costa e Damasceno (2013):

> a) O exame pericial no vivo: tem como principal objetivo, na área criminal, constatar se houve dano à pessoa, qual o tipo de dano e qual a gravidade desse dano. Prioritariamente e com maior frequência avalia a ocorrência dos crimes de: Lesão corporal e Crimes sexuais.

b) O exame pericial no morto: Tem como finalidade avaliar a realidade da morte, sua causa médica e jurídica. A avaliação dos casos de morte de interesse jurídico é de competência do perito médico legista.

4.2.1 Áreas da medicina legal

Do ponto de vista didático, a medicina legal pode ser dividida em diferentes subáreas do conhecimento, sendo as principais a tanatologia, a traumatologia, a sexologia, a psiquiatria e a antropologia.

4.2.1.1 Tanatologia forense

A *tanatologia* é um termo originado do grego (*thanatos*: morte; *logia*: estudo ou campo de conhecimento) e refere-se à área da medicina legal que trata de todos os assuntos relacionados à morte: diferentes conceitos de morte e seus diagnósticos; determinação do tempo de morte (cronotanatognose); tipos de morte (súbita, agônica, fenômenos de sobrevivência); necropsia, exumação e embalsamamento, causa médica e jurídica da morte.

4.2.1.1.1 Conceito de morte

Definir a **morte** não é algo tão simples, pois não representa um instante, mas sim um processo, que, em certas circunstâncias, se torna irreversível.

O conceito antigo de morte poderia ser resumido da seguinte forma: cessação total e permanente de todas as funções vitais. Isso implicava o fato de que, para um indivíduo ser considerado morto, era necessário que não apresentasse nenhuma das capacidades fisiológicas (respiração, batimentos cardíacos, circulação, sensibilidade, movimentação etc.) necessárias à manutenção do organismo de forma definitiva e irreversível.

Contudo, desde o advento do primeiro transplante cardíaco em 1967, o conceito de morte precisou ser modificado. Caso contrário, a retirada de um órgão, como o coração, ainda em condições de funcionamento, a partir de um doador, poderia configurar um homicídio. O que permitiu o desenvolvimento dos transplantes de órgãos foi o desenvolvimento do conceito de **morte encefálica**.

A morte encefálica corresponde a um dano ao encéfalo (conjunto de partes do sistema nervoso central dentro do crânio) irreversível e suficientemente extenso, a ponto de impedir a sobrevivência do restante do organismo sem equipamentos e tratamentos de suporte vital.

No Brasil, a Resolução n. 2.173, de 23 de novembro de 2017, do Conselho Federal de Medicina (CFM, 2017) define os critérios diagnósticos de morte encefálica em adultos e crianças, além da documentação necessária para seu registro em prontuário médico.

4.2.1.1.2 Fenômenos cadavéricos

Os fenômenos cadavéricos são as alterações que ocorrem no corpo morto com o passar do tempo. Alguns não permitem a certeza da morte; outros asseguram a irreversibilidade do processo.

Didaticamente, são chamados *fenômenos abióticos* (*a*: sem; *bio*: vida) e evidenciam a ausência de vida, podendo ser classificado em *imediatos* e *consecutivos*.

Os **fenômenos imediatos** mais comuns são:

- **Perda da consciência** – O indivíduo não atende às solicitações do ambiente.
- **Perda da sensibilidade** – Pode ser averiguada pela estimulação dolorosa.
- **Abolição da motilidade e do tono muscular** – Relaxamento muscular e, em consequência, dilatação pupilar, abertura das pálpebras, abertura da boca, relaxamento dos esfíncteres (pode ocorrer eliminação de fezes e urina).
- **Cessação da respiração** – Pode ser avaliada pela ausculta pulmonar e pela observação do tórax.

- **Cessação da circulação** – Pode ser avaliada pela ausculta cardíaca e pela palpação arterial.

Os **fenômenos consecutivos** mais comuns são:

- **Desidratação** – Decréscimo de peso, pergaminhamento da pele, dessecamento das mucosas dos lábios, modificações dos globos oculares (diminuição da tensão do globo ocular, turvação da córnea transparente).
- **Esfriamento do corpo** – Na verdade, trata-se de equalização da temperatura corporal com a do ambiente, ou seja, se o ambiente é mais frio que o corpo, ocorre o resfriamento; entretanto, caso o ambiente seja mais quente, o inverso ocorrerá. Vários métodos tentam calcular a cronotanatognose; contudo, é difícil prever as trocas calóricas por condução, convecção e irradiação.
- **Rigidez cadavérica** – Enrijecimento dos músculos em virtude do desequilíbrio do balanço intra e extracelular de íons como Na+, K+ e Ca++, ocasionado pela parada do metabolismo, levando à formação de pontes de actomiosina nas fibrilas musculares. Surge primeiramente nos músculos de menor tamanho, demorando mais a se manifestar nos músculos maiores.
- **Manchas de hipóstase (ou hipostases)** – Têm coloração de vermelha a arroxeada e são decorrentes do acúmulo passivo e progressivo de sangue por ação gravitacional nos pontos mais baixos do corpo, exceto nas áreas de compressão das superfícies de contato do cadáver com o plano resistente. Têm grande valor médico-legal porque, além de serem um sinal de morte, determinam a cronotanatognose e provam se houve mudança de posição do cadáver. De acordo com França (2011), os livores começam a aparecer de duas a três horas após a morte e podem mudar de posição durante as primeiras 12 horas; depois desse período, fixam-se em definitivo. Assim, se um cadáver permanece em determinada posição durante

mais de 12 horas e posteriormente o corpo tem sua posição alterada, as manchas permanecerão na situação inicial.

Há também os **fenômenos transformativos**, que levam à alteração do corpo morto, colaborando para sua destruição progressiva ou para sua preservação. Eles podem ser classificados em *destrutivos* e *conservadores*.

Os **fenômenos destrutivos** mais comuns são:

- **Autólise** – Com a morte, a circulação sanguínea cessa, prejudicando as trocas nutritivas das células e dando início à decomposição. As enzimas continuam temporariamente atuando sobre as substâncias presentes nas células, ocasionando acidificação do meio interno. A redução do pH dos tecidos é um sinal evidente de morte e pode ser verificada por meio de diversos exames.
- **Putrefação** – Após a autólise, começa a putrefação por fenômenos biológicos e físico-químicos provocados por germes aeróbios, anaeróbios e facultativos. Com relação à putrefação, é importante frisar quatro períodos bem distintos: coloração, gasoso, coliquativo e de esqueletização.
    1. **Período de coloração** – Em geral, a putrefação inicia no intestino. O aparecimento dos primeiros sinais se dá no abdome, correspondendo à mancha verde abdominal, localizada preferencialmente na fossa ilíaca direita. Difunde-se, então, por todo abdome, pelo tórax, pela cabeça e pelos membros.
    2. **Período gasoso** – Surgem os gases de putrefação, com bolhas de conteúdo líquido hemoglobínico na epiderme. O cadáver adquire um aspecto gigantesco, principalmente a face, o abdome e os genitais masculinos. A pressão exercida força o sangue para a periferia, que esboça na derme o desenho vascular conhecido como *circulação póstuma de Brouardel*. Esse efeito é realçado quando a pele se destaca.

3. **Período coliquativo** – É a dissolução pútrida do cadáver. A desintegração progressiva reduz o volume dos tecidos. O corpo perde sua forma e ocorre aumento da fauna cadavérica. Esse período varia de acordo com as condições do corpo e do ambiente, podendo durar de um a vários meses.
4. **Período de esqueletização** – A atuação do meio ambiente e da fauna cadavérica promove a desintegração do corpo e faz com que o cadáver se apresente com os ossos quase livres, presos apenas pelos ligamentos articulares.

Por fim, temos os **fenômenos conservadores**. Os mais comuns são:

- **Congelação** – Processo que melhor conserva o cadáver. Muito utilizado para carnes alimentícias.
- **Saponificação ou adipocera** – Processo transformativo de conservação em que o cadáver adquire consistência untuosa, mole, como o sabão ou a cera, às vezes quebradiça e de tonalidade amarelo-escura. A condição para o surgimento de saponificação cadavérica é que o solo seja argiloso e úmido.
- **Mumificação** – Processo transformativo de conservação pela dessecação, natural ou artificial, do cadáver. Na mumificação natural, são necessárias condições particulares que garantam a desidratação rápida, de modo a impedir a ação microbiana responsável pela putrefação. O cadáver perde água rapidamente ao ficar exposto ao ar, em regiões de clima quente e seco, sofrendo acentuado dessecamento.

4.2.1.1.3 Exame necroscópico

A palavra *necropsia* se origina do grego *nekrós*, que significa "morte", e *ópsis*, que significa "vista".

Em toda morte ocorrida por causa externa, ou seja, não natural ou violenta (homicídio, suicídio, acidente, aborto ou infanticídio), e ainda nos casos de mortes suspeitas, o exame necroscópico é obrigatório e deve ser realizado nos Institutos Médicos Legais (IMLs). Os corpos de indivíduos sem identificação ou em estado de putrefação que inviabilize seu reconhecimento ou identificação também devem ser submetidos a esse exame. O foco principal de interesse está na determinação da causa médica (distúrbio orgânico) e na causa jurídica (classificação legal – natural ou violenta).

O Código de Processo Penal (CPP) – Decreto-Lei n. 3.689, de 3 de outubro de 1941 (Brasil, 1941) – determina que o exame necroscópico deve ser efetuado pelo menos seis horas após o óbito, para evitar que seja realizado com a vítima viva, como ocorre na catalepsia ou em outros estados letárgicos similares.

> Art. 162. A autópsia será feita pelo menos seis horas depois do óbito, salvo se os peritos, pela evidência dos sinais de morte, julgarem que possa ser feita antes daquele prazo, o que declararão no auto.
>
> Parágrafo único. Nos casos de morte violenta, bastará o simples exame externo do cadáver, quando não houver infração penal que apurar, ou quando as lesões externas permitirem precisar a causa da morte e não houver necessidade de exame interno para a verificação de alguma circunstância relevante. (Brasil, 1941)

4.2.1.1.4 Traumatologia forense

A traumatologia forense trata das energias causadoras de danos e lesões produzidos no corpo humano. Essas energias lesivas são classificadas em *mecânicas, físicas, químicas* e *bioquímicas*.

Lesão corporal (ou *lesão pessoal*, expressão mais usada academicamente) é o resultado do atentado bem-sucedido à integridade corporal ou psíquica do ser humano, tipificada como crime no art. 129 do Código Penal (CP) – Decreto-Lei n. 2.848, de 7 de dezembro de 1940 (Brasil, 1940). Os meios empregados para a produção de lesão pessoal podem apresentar natureza diversa (mecânica, física, química, físico-química etc.). Neste capítulo, serão apresentadas apenas as lesões promovidas pelo emprego de energias mecânicas, as quais são responsáveis por grande parte dos casos de mortes violentas ocorridas no Brasil.

> Art. 129. Ofender a integridade corporal ou a saúde de outrem:
> Pena – detenção, de três meses a um ano.
>
> **Lesão corporal de natureza grave**
> § 1º Se resulta:
> I – Incapacidade para as ocupações habituais, por mais de trinta dias;
> II – perigo de vida;
> III – debilidade permanente de membro, sentido ou função;
> IV – aceleração de parto:
> Pena – reclusão, de um a cinco anos.
> § 2º Se resulta:
> I – Incapacidade permanente para o trabalho;
> II – enfermidade incurável;
> III – perda ou inutilização do membro, sentido ou função;
> IV – deformidade permanente;
> V – aborto:
> Pena – reclusão, de dois a oito anos.
>
> **Lesão corporal seguida de morte**
> § 3º Se resulta morte e as circunstâncias evidenciam que o agente não quis o resultado, nem assumiu o risco de produzi-lo:
> Pena – reclusão, de quatro a doze anos. (Brasil, 1940, grifo do original)

Os instrumentos mecânicos agem por contato necessariamente com movimento relativo ao corpo humano. A energia cinética do instrumento, ou do próprio corpo, é responsável pela produção das lesões. Essa energia pode atingir a vítima de várias formas: aplicada num só ponto (predominando o efeito de pressão sobre a área puntiforme), seguindo uma linha (pressão e deslizamento linear predominando sobre a pressão), atingindo uma superfície maior (choque, acompanhado ou não de deslizamento) ou a soma de algumas dessas ações. Essas ações, seus instrumentos típicos e suas respectivas lesões são apresentados resumidamente no Quadro 4.2 a seguir.

Quadro 4.2 – Lesões produzidas por ação mecânica: modo de produção e instrumentos

Classificação da lesão	Modo de produção	Ação da lesão	Exemplos de instrumentos típicos
Punctória	Pressão em um ponto	Perfurante	Prego, agulha
Incisa	Ação deslizante maior que pressão	Cortante	Navalha, bisturi, lâminas, linha de cerol
Contusa	Choque (pode haver ou não deslizamento)	Contundente	Martelo, marreta, cassetete, pedra
Pérfuro-contusa	Soma das ações perfurante e contudente	Pérfuro-contundente	Projétil de arma de fogo
Pérfuro-incisa	Soma das ações perfurante e cortante	Pérfuro-cortante	Faca, punhal, tesoura
Corto-contundente	Soma das ações perfurante e contudente	Corto-contusa	Machado, foice

4.2.1.1.5 Lesão punctória

É produzida por instrumentos ou agentes finos, pontiagudos de diâmetro transversal extremamente reduzido em relação ao comprimento. Tem trajetória retilínea e predomina a profundidade (comprimento) sobre o diâmetro. Em geral, há pouco sangramento externo. Por exemplo: lesão produzida por um espeto de churrasco introduzido nas costas de alguém.

4.2.1.1.6 Lesão incisa

É produzida por instrumentos que atuam por pressão e deslizamento, com gume afiado, gerando lesões com regularidade e nitidez de suas margens e bordas; hemorragia externa quase sempre abundante; predomínio do comprimento sobre a profundidade da lesão; e afastamento das bordas da ferida (mais acentuada nas lesões *post-mortem*).

Por exemplo: lesão produzida por uma pessoa que, ao descascar uma laranja, erra o corte e atinge sua mão. Outro exemplo é quando o papel desliza e corta o dedo do indivíduo. Nos dois casos, a lesão é produzida pelo simples deslizamento da superfície afiada.

4.2.1.1.7 Lesão contusa

É produzida pelo choque de instrumentos. Em razão da elasticidade da pele, esta pode se conservar íntegra ou não após o impacto, a depender da intensidade da força do choque. A lesão pode se apresentar de diferentes formas e, por isso, recebe diferentes nomenclaturas:

- **Escoriação** – Quando o atrito do deslizamento lesa a superfície da epiderme, expondo a derme.
- **Equimose** – Quando o impacto do instrumento não rompe a pele, mas há rompimento de vasos e derrame sanguíneo infiltrando os tecidos.

- **Bossas e hematomas** – Quando o impacto com o instrumento provoca derrame sanguíneo e não encontra condições de se difundir, formando coleções localizadas.
- **Fratura** – Quando o impacto com o instrumento provoca danos em ossos submetidos à ação contundente.

Por exemplo: lesão produzida por uma pessoa que recebe um soco no rosto. A depender da força aplicada e da área atingida, pode haver lesões de diferentes intensidades e características (equimose, bossa, escoriação...).

4.2.1.1.8 Lesão pérfuro-contusa

Tipicamente produzida por projétil de armas de fogo. Ao atingir a pele, o projétil causa perfuração e ruptura de tecido, podendo transfixar (atravessar ou não a pessoa). Ao romper a pele, forma um orifício em forma tubular no qual se enxugam os resíduos que estavam sobre o projétil (orla de enxugo), arranca-se a epiderme (orla de contusão) e rompem-se pequenos vasos, formando áreas de equimoses em torno do ferimento (orla equimótica).

A depender da distância a que o tiro é efetuado, os gases, a chama e a pólvora que não queimou no momento do disparo podem atingir o alvo, deixando zonas características próximas da lesão. Essas zonas, em geral, estão presentes em disparos a curta distância:

- **Zona de tatuagem** – É resultante da impregnação de partículas de pólvora que não queimaram e são lançadas no disparo, podendo atingir o corpo (alvo).
- **Zona de esfumaçamento** – É produzida pelo depósito de fuligem resultante da queima da pólvora ao redor do orifício de entrada.
- **Zona de chamuscamento** – Tem como responsável a ação superaquecida dos gases/chamas que atingem e queimam o alvo.

4.2.1.1.9 Lesão pérfuro-incisa

É produzida por instrumentos de ponta e gume que atuam pela perfuração e cortam por suas bordas afiadas os planos atingidos, gerando lesões mais profundas que compridas, em forma de botoeira (assemelha-se à casa de botão de uma camisa).

Por exemplo: lesão produzida por um indivíduo que perfura o outro com uma faca.

4.2.1.1.10 Lesão corto-contusa

É produzida por instrumentos que, mesmo com gumes, têm sua ação determinada pela pressão em razão de seu peso, gerando lesões com bordas e formas irregulares, sempre profundas e com alta destruição de tecidos.

Por exemplo: lesão produzida por um indivíduo que bate com o gume do machado no corpo do outro.

4.2.1.2 Sexologia forense

Essa área trata dos diferentes processos de investigação a respeito das situações de violação da liberdade sexual e sua indução inadequada. Busca formas de constatar e provar a ocorrência de atividades sexuais ocorridas contra a vontade (ou na impossibilidade de manifestá-la) de uma pessoa.

Entre as condutas tipificadas que são alvo de análise pela sexologia forense destaca-se o crime de estupro, que se caracteriza pela imposição da prática sexual por ameaça ou violência.

Nos exames para a materialização desse crime, é comum realizar perícia médica para avaliar, por exemplo, no caso de vítimas do sexo feminino, se há rotura himenal recente compatível com a data do evento (no caso de vítima virgem antes do evento), pesquisa de espermatozoides na vagina compatíveis com a data do evento, gravidez compatível com a data do evento etc. Veja o que diz o CP a respeito do assunto:

> Art. 213. Constranger alguém, mediante violência ou grave ameaça, a ter conjunção carnal ou a praticar ou permitir que com ele se pratique outro ato libidinoso:
> Pena – reclusão, de 6 (seis) a 10 (dez) anos.
> § 1º Se da conduta resulta lesão corporal de natureza grave ou se a vítima é menor de 18 (dezoito) ou maior de 14 (catorze) anos:
> Pena – reclusão, de 8 (oito) a 12 (doze) anos.
> § 2º Se da conduta resulta morte:
> Pena – reclusão, de 12 (doze) a 30 (trinta) anos.
> [...]
> **Estupro de vulnerável** (Incluído pela Lei nº 12.015, de 2009)
> [...]
> Art. 217-A. Ter conjunção carnal ou praticar outro ato libidinoso com menor de 14 (catorze) anos:
> Pena – reclusão, de 8 (oito) a 15 (quinze) anos.
> § 1º Incorre na mesma pena quem pratica as ações descritas no **caput** com alguém que, por enfermidade ou deficiência mental, não tem o necessário discernimento para a prática do ato, ou que, por qualquer outra causa, não pode oferecer resistência.
> [...]
> § 3º Se da conduta resulta lesão corporal de natureza grave:
> Pena – reclusão, de 10 (dez) a 20 (vinte) anos.
> § 4º Se da conduta resulta morte:
> Pena – reclusão, de 12 (doze) a 30 (trinta) anos. (Brasil, 1940, grifo do original)

4.2.1.3 Psiquiatria forense

Essa área analisa as alterações patológicas do comportamento humano que podem estar relacionadas à prática de crimes ou predispor alguém à situação de vítima. É, na verdade, uma das áreas da psiquiatria que atende às necessidades da justiça.

A psiquiatria forense é fundamental para responder principalmente a duas perguntas dentro do sistema de justiça brasileiro:

1. O criminoso tinha discernimento ou autocontrole prejudicado por motivo de transtorno mental?
2. Quais foram as motivações subjacentes ao comportamento em questão?

Juridicamente, essas perguntas são muito importantes, pois determinam a culpabilidade e o tamanho da pena. A resposta à primeira questão revela se o criminoso pode ser inteira ou parcialmente responsável por sua conduta delituosa ou mesmo se é absolutamente isento de responsabilidade por não entender a ilicitude do fato. Essas situações implicarão a caracterização/exclusão da culpabilidade ou a redução da pena. Já a resposta ao segundo questionamento permitirá, por exemplo, averiguar a existência de circunstâncias agravantes, atenuantes ou qualificadoras do crime, que vão determinar diretamente a dosimetria da pena. Veja como o CP trata do assunto:

> Art. 26. É isento de pena o agente que, por doença mental ou desenvolvimento mental incompleto ou retardado, era, ao tempo da ação ou da omissão, inteiramente incapaz de entender o caráter ilícito do fato ou de determinar-se de acordo com esse entendimento.
>
> **Redução de pena**
> Parágrafo único – A pena pode ser reduzida de um a dois terços, se o agente, em virtude de perturbação de saúde mental ou

por desenvolvimento mental incompleto ou retardado não era inteiramente capaz de entender o caráter ilícito do fato ou de determinar-se de acordo com esse entendimento. (Brasil, 1941, grifo do original)

A aplicação prática da psiquiatria forense permite verificar as capacidades mentais (ou incapacidades) e, ainda, as alterações psicopatológicas. No contexto penal, o objetivo da perícia é responder se o indivíduo autor de um crime é:

- **Imputável** – Tem capacidade de entender e querer realizar determinado ato, ou seja, à época do fato delituoso tinha preservada, totalmente, sua capacidade de entendimento e de autodeterminação.
- **Inimputável** – Quando o indivíduo, à época do fato delituoso, for totalmente incapaz de entender o ato.
- **Semi-imputável** – Quando o indivíduo, à época do fato delituoso, for parcialmente incapaz de entender o caráter ilícito e/ou determinar-se diante dele.

4.2.1.4 Antropologia forense

Trata dos processos envolvidos no reconhecimento e na identificação do ser humano em seus mais variados aspectos para fins judiciais.

O antropologista forense atua em casos de mortes humanas, quando os tecidos moles estejam degradados a ponto de outros especialistas não terem mais recursos para determinar informações importantes, como a causa da morte e a dinâmica do crime.

O papel primário do antropologista forense é analisar o esqueleto humano para oferecer um perfil biológico do indivíduo (como sexo, ancestralidade, idade, estatura e outras características individuais), que pode colaborar para sua identificação ou, ainda, fornecer evidências sobre a causa da morte e como ela ocorreu. Em uma atuação mais ampla, esse profissional deve estar preparado para dar assistência na busca, na detecção e na recuperação de restos mortais humanos.

A estimativa do sexo, por exemplo, é baseada principalmente em três elementos do esqueleto: pelve, crânio e mandíbula. O Quadro 4.3 mostra os elementos ósseos a serem analisados e sua apresentação nos sexos masculino e feminino.

Quadro 4.3 – Modelo de tabela de decisão com as características para estimativa do sexo em exame antropológico segundo o protocolo LAF-CEMEL (Ribeirão Preto – SP), com base na pelve, no crânio e na mandíbula

Pelve		
Característica	Sexo masculino	Sexo feminino
Tamanho do ângulo sub-púbico	Estreito	Largo
Presença do arco ventral (ísquio)	Ausente	Presente
Presença da crista medial ísquio-púbica	Ausente	Presente
Tamanho do sulco isquiático maior	Pequeno e estreito	Grande e largo
Espessura da asa do sacro	Espessa e robusta	Fina, delicada
Curvatura do sacro	Muito curvo	Pouco curvo
Tamanho da superfície auricular sacral (articulação sacro-ilíaca)	Grande e longa	Pequena e curta
Projeção da superfície auricular	Pouco projetada, tendendo à plana na superfície do osso ilíaco	Muito projetada, destaca-se da superfície do osso ilíaco
Presença do sulco pré-auricular	Ausente	Presente

(continua)

(Quadro 4.3 – conclusão)

Crânio		
Característica	Sexo masculino	Sexo feminino
Forma da glabela/pontes supra-orbitais	Ressaltada, destaca-se da superfície do osso frontal	Delicada, tende à plana na superfície do osso frontal
Presença da protuberância occipital	Evidente e bem marcada	Pouco evidente e pouco marcada
Tamanho do processo mastoide	Grande e robusto	Pequeno e delicado
Presença da crista supramastoide	Presente e bem marcada	Ausente ou pouco marcada
Altura/robustez do zigomático	Altos e robustos	Pequenos e delicados

Mandíbula		
Característica	Sexo masculino	Sexo feminino
Tamanho e forma do mento	Grande, frente reta, geralmente com duas protuberâncias	Pequeno, frente curva, geralmente com uma única protuberância central
Abertura do ângulo mandibular	Aberto e bastante saliente lateralmente	Pouco aberto e não saliente lateralmente

Fonte: Guimarães; Francisco; Evison, 2013, p.

4.3 Coleta de vestígios grafotécnicos e documentoscópicos

Os vestígios deixados em escrita e documentos devem seguir alguns requisitos básicos de coleta que permitam sua análise em laboratório.

Os exames grafotécnicos podem ser divididos em exames de *autenticidade gráfica, autoria* e *confronto de punhos*.

Para a coleta de vestígios relacionados à grafotecnia, é recomendado coletar as peças questionadas originais e os padrões para confronto.

Quanto aos padrões para confronto, é importante coletar vestígios que preservem a autenticidade, a adequabilidade de materiais usados, a contemporaneidade e a quantidade suficiente para confronto.

Já o carro chefe dos exames documentoscópicos são os de autenticidade e falsificação de documentos, para os quais é importante coletar o documento questionado e ter padrões autênticos para confronto.

4.4 Coleta de vestígios de disparo de armas de fogo

A balística forense trabalha com quatro grandes áreas periciais, que podem ser resumidas em exame de eficiência de munição, eficiência de arma de fogo, confronto microbalístico e coleta de material residuográfico.

A coleta de vestígios relacionados a munição e armas de fogo devem observar primeiramente as regras de segurança relacionadas ao manejo de armas. Após o manejo de segurança, o vestígio deve ser coletado e acondicionado seguindo as recomendações da Portaria n. 82/2014 da Senasp, respeitando estritamente o acondicionamento e o transporte em condições que mantenham a segurança e a preservação de material bélico e explosivo. Sempre que possível, a arma deve ser desalimentada e descarregada antes do acondicionamento e do lacre.

Um dos exames mais polêmicos da balística é o residuográfico, para constatar se determinado suspeito disparou a arma de fogo.

Na coleta de residuográfico, devem ser rigorosamente seguidas as recomendações do fluxograma a seguir, apresentado pela Senasp.

Figura 4.9 – Procedimento de coleta

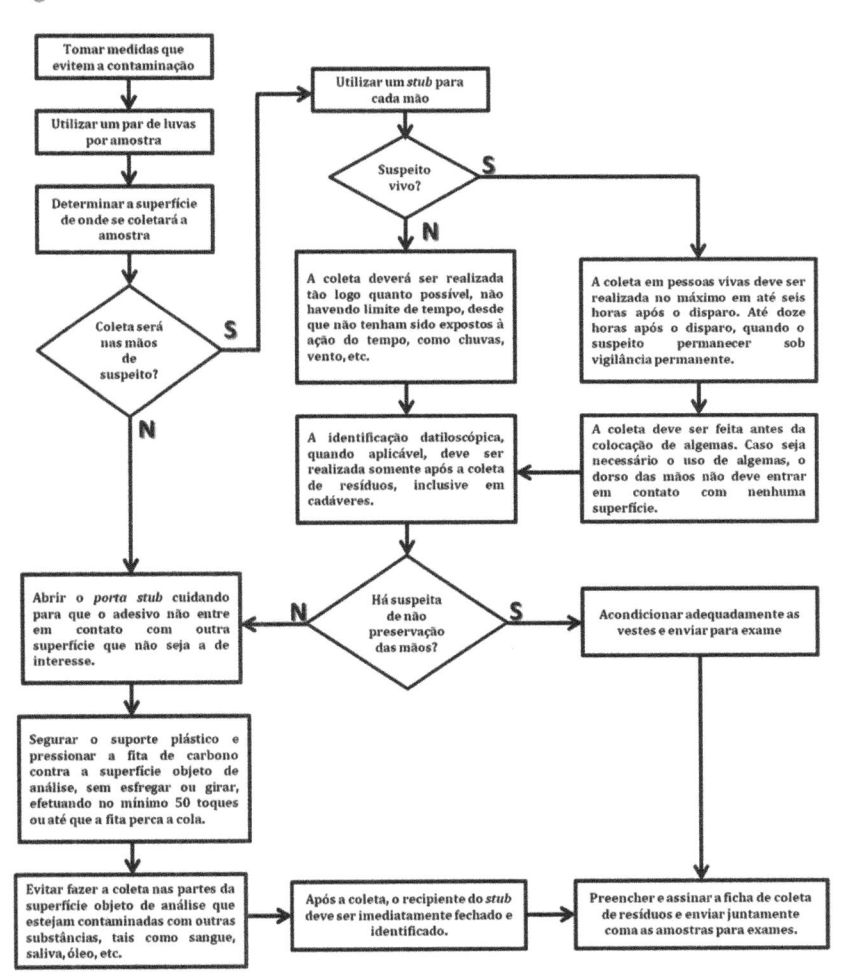

```
Tomar medidas que evitem a contaminação
  ↓
Utilizar um par de luvas por amostra
  ↓
Determinar a superfície de onde se coletará a amostra
  ↓
Coleta será nas mãos de suspeito? ──S──► Utilizar um stub para cada mão
  │N                                       ↓
  │                                     Suspeito vivo? ──S──► A coleta em pessoas vivas deve ser realizada no máximo em até seis horas após o disparo. Até doze horas após o disparo, quando o suspeito permanecer sob vigilância permanente.
  │                                       │N                    ↓
  │                                       ↓                  A coleta deve ser feita antes da colocação de algemas. Caso seja necessário o uso de algemas, o dorso das mãos não deve entrar em contato com nenhuma superfície.
  │                          A coleta deverá ser realizada tão logo quanto possível, não havendo limite de tempo, desde que não tenham sido expostas à ação do tempo, como chuvas, vento, etc.
  │                                       ↓                     │
  │                          A identificação datiloscópica, quando aplicável, deve ser realizada somente após a coleta de resíduos, inclusive em cadáveres. ◄─────┘
  │                                       ↓
  ↓                                 Há suspeita de não preservação das mãos? ──S──► Acondicionar adequadamente as vestes e enviar para exame
Abrir o porta stub cuidando para que o adesivo não entre em contato com outra superfície que não seja a de interesse. ◄──N──┘                                                    │
  ↓                                                                                                                          │
Segurar o suporte plástico e pressionar a fita de carbono contra a superfície objeto de análise, sem esfregar ou girar, efetuando no mínimo 50 toques ou até que a fita perca a cola.
  ↓
Evitar fazer a coleta nas partes da superfície objeto de análise que estejam contaminadas com outras substâncias, tais como sangue, saliva, óleo, etc. ──► Após a coleta, o recipiente do stub deve ser imediatamente fechado e identificado. ──► Preencher e assinar a ficha de coleta de resíduos e enviar juntamente com as amostras para exames.
```

Fonte: Brasil, 2013, p. 53.

4.5 Coleta de vestígios de impressões dérmicas

Os vestígios deixados pelas papilas dérmicas encontradas nas mãos e nos pés humanos são amplamente utilizados pelos peritos criminais na identificação.

As impressões dérmicas úteis para a identificação humana podem ser classificadas em impressões *digitais* ou *datiloscópicas*; *palmares* ou *quiroscópicas*; e *plantares* ou *podoscópicas*.

Há três grandes áreas clássicas de coleta, que se resumem à coleta em indivíduos vivos, indivíduos mortos e em locais de crimes. As duas primeiras áreas são simplesmente um ato de identificação biométrica, feito inclusive por servidores do Departamento de Trânsito (Detran), das prefeituras, de tribunais eleitorais e auxiliares de perícia; já a coleta em local de crime é um ato forense de perícia criminal.

Importante

A identificação por meio de impressões dérmicas tem como grande expoente Juan Vucetich Kovacevich, que, em 1891, na Argentina, desenvolveu o sistema Vucetich de identificação.

Para que uma impressão papilar coletada em uma cena de crime seja útil para a identificação de autoria, deve ser nítida e ter, no mínimo, 12 pontos característicos.

Para a coleta de impressões papilares, conforme mostra a Figura 4.10, é recomendado seguir as orientações de procedimento operacional padrão da Senasp para coleta de vestígios papilares em local de crime.

Figura 4.10 – Fluxograma para a coleta de impressões digitais

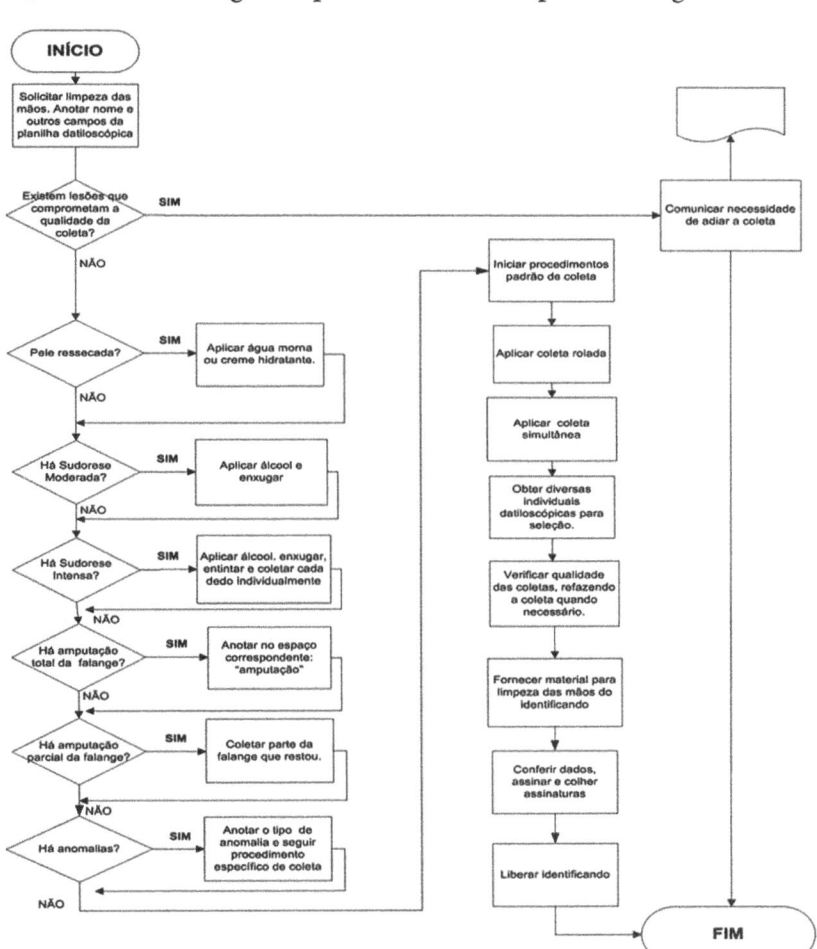

Fonte: Brasil, 2013, p. 193.

4.6 Procedimento antes da liberação do local ou dos vestígios

Após a documentação detalhada e a coleta dos vestígios, antes da finalização dos trabalhos, deve ser realizada uma reunião com todos os membros da equipe pericial para verificar se todas as etapas do processamento do local foram realizadas adequadamente. Nessa reunião, será feita uma checagem final de todos os aspectos relacionados ao processamento do local, como:

- A documentação foi devidamente preenchida?
- Todos os vestígios foram fotografados e posicionados no croqui?
- Os vestígios foram coletados adequadamente?
- Os vestígios estão embalados e identificados adequadamente?
- As amostras de controle necessárias foram coletadas?
- Existem meios para transportar adequadamente os vestígios?

Os procedimentos de ajuste, caso existam, devem ser realizados para, então, passar à próxima etapa, que é a liberação do local.

Caso o entendimento geral seja de que todos os procedimentos necessários foram realizados, o chefe da equipe deve conduzir a busca final, para se certificar de suas condições antes da entrega.

Liberação do local é a etapa em que a equipe pericial, após ter realizado todas as atividades de processamento, informa a autoridade policial da finalização dos trabalhos. Após essa liberação, as condições de isolamento para a perícia não são mais necessárias, porém essa definição ficará a cargo da autoridade policial, pois a responsabilidade do local agora passará a ser dela.

A liberação será feita pelo chefe da equipe pericial à autoridade policial de maneira formal. Geralmente, a liberação é feita verbalmente e consignada no laudo, informando o nome e o cargo da pessoa a quem se "entregou" o local, bem como a data e a hora da entrega.

Nessa ocasião, o perito chefe da equipe deverá informar quaisquer dados relevantes pertinentes ao local. Caso existam outras providências necessárias, como os cuidados e manuseios com determinados vestígios que serão apreendidos e transportados pela equipe policial, esse é o momento da informação.

4.7 Transporte do vestígio

Transportar o vestígio corretamente é tão importante como qualquer outra fase da cadeia de custódia.

Um dos problemas clássicos que ocorre no atendimento de local de crime é a ocorrência de acionamentos da mesma equipe em sequência, obrigando-a a sair de um local de crime e ir diretamente para outro sem retornar para a base. Nesses casos, os vestígios das ocorrências, geralmente, ficam na viatura, sujeitos a intempéries. Por exemplo, um aparelho celular ou uma mídia óptica coletados no local de crime que fiquem dentro da viatura ao sol podem ser danificados. O mesmo pode ocorrer com os mais diversos tipos de vestígios.

Por isso a importância dessa fase. É crucial que o transporte seja realizado de forma correta, garantindo a integridade do vestígio.

Cada tipo de vestígio demanda técnica e procedimentos específicos para transporte, principalmente quando se trata de vestígios perecíveis.

O principal vestígio perecível é aquele de ordem biológica, pois as condições de armazenamento e climatização podem degradar facilmente o material.

Por isso, o profissional deve estar atento para realizar o transporte e a preservação do vestígio corretamente.

Um dos vestígios mais suscetíveis à degradação durante o transporte é o fluido biológico, sendo que a falta de refrigeração ou acondicionamento inadequado podem inviabilizar sua utilização posterior como prova.

Cada serviço laboratorial e de criminalística tem regras específicas e procedimentos para transporte e encaminhamento de material para exames. Por isso, o profissional que encaminhará o material para serviços laboratoriais de criminalística deve estar informado e conhecer detalhadamente os procedimentos para encaminhamento de vestígios.

Estudo de caso

Um jovem entrou em colapso após beber inúmeras doses de vodca e foi encaminhado ao hospital. No local, apesar das várias tentativas de ressuscitá-lo, o jovem teve a morte atestada, tendo como causa uma parada cardíaca. O rapaz só foi resgatado após o vigia noturno ouvir barulhos estranhos no necrotério: "Eu tinha certeza que era um assalto, mas os sons vinham dos congeladores mortuários. Com as mãos tremendo, eu abri uma das portas e encontrei um cadáver nu, me pedindo um cobertor", revelou o segurança.

Após a descoberta assustadora, o profissional pediu auxílio de um médico e de um policial que estavam no necrotério. O jovem, inicialmente dado como morto, recuperou suas roupas e recebeu alta do hospital. Após o susto, no entanto, o rapaz não resistiu e voltou ao bar – para comemorar ter sobrevivido à morte!

Síntese

Neste capítulo, vimos que a coleta, o acondicionamento e o transporte são as fases mais importantes da cadeia de custódia. Sem elas, é praticamente impossível qualquer análise pericial. Cada vestígio tem um procedimento específico de coleta, acondicionamento e transporte, sendo de suma importância a habilitação para se evitar erros. Transportar o vestígio corretamente é tão importante como qualquer outra fase da cadeia de custódia. Vimos, também, que realizar o procedimento de liberação do local de crime é uma fase fundamental da perícia criminal, pois aponta que todos os vestígios de interesse probatório foram coletados e o local pode ser acessado por outros profissionais. Apresentamos, ainda, técnicas e procedimentos de coleta, transporte e armazenamento dos mais diversos tipos de vestígios.

Questões para revisão

1. Qual é a diferença entre coleta e apreensão de vestígios?

2. No Brasil não há restrição temporal para realização do exame necroscópico.

    Essa afirmação é:

    ( ) Verdadeira   ( ) Falsa

3. Todos tipos de vestígios podem ser acondicionados em envelopes plásticos.

    Essa afirmação é:

    ( ) Verdadeira   ( ) Falsa

4. Que tipo de vestígio a medicina legal coleta?
   a) cadáver.
   b) celular.
   c) documentos.
   d) armas.

Questão para reflexão

1. O cadáver é um vestígio como qualquer outro, porém, raramente o médico-legista vai ao local de crime coletá-lo. O médico-legista deveria ir ao local de crime coletar o cadáver, assim como acontece na exumação?

PROCESSAMENTO, ANÁLISE, ARMAZENAMENTO E DESCARTE DOS VESTÍGIOS

Conteúdos do capítulo:
- Princípios teóricos e práticos sobre a atividade da polícia científica no processamento, na análise, no armazenamento e no descarte de vestígios.
- Métodos de processamento, análise, armazenamento e descarte de vestígios.
- Ato exclusivo de perito.
- Resultado de uma perícia.

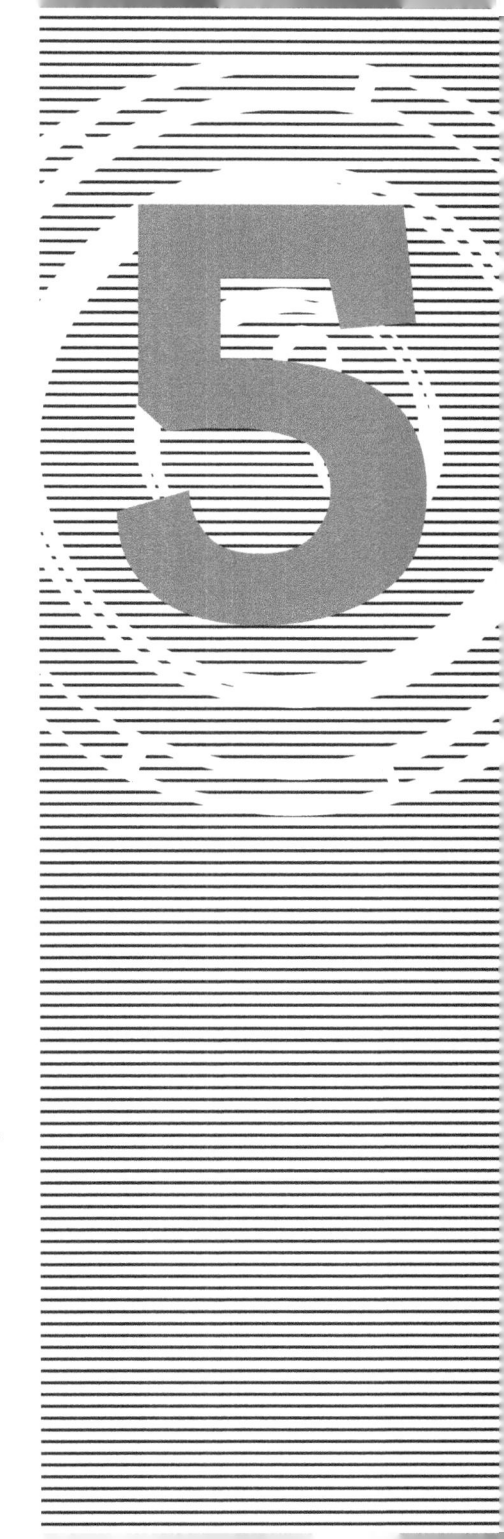

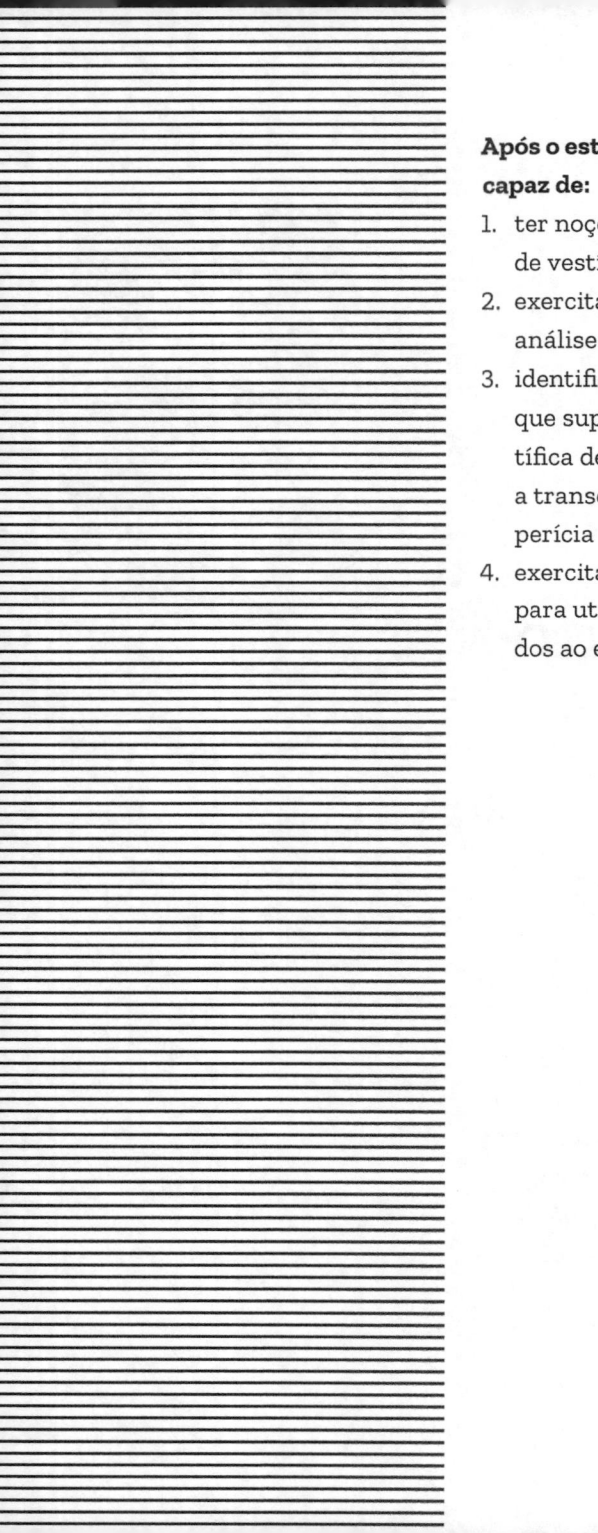

Após o estudo deste capítulo, você será capaz de:
1. ter noções gerais da transformação de vestígios em evidências;
2. exercitar formas de processamento e análise de vestígios;
3. identificar os principais conceitos que suportam a análise técnico-científica de vestígios, bem como analisar a transdisciplinaridade das áreas da perícia criminal;
4. exercitar/desenvolver habilidades para utilizar os conceitos relacionados ao exercício profissional.

5.1 Processamento e análise

Segundo a Portaria n. 82, de 16 de julho de 2014, da Secretaria Nacional de Segurança Pública (Senasp), o *processamento* "é o exame pericial em si, manipulação do vestígio de acordo com a metodologia adequada às suas características biológicas, físicas e químicas, a fim de se obter o resultado desejado que deverá ser formalizado em laudo" (Brasil, 2014).

É na fase de processamento e análise que o vestígio é transformado em evidência ou prova, ou seja, ele chega bruto às mãos dos peritos, que o processam e o analisam para se tornar uma prova.

O processamento e a análise do vestígio podem ser resumidos em quatro fases, desde o recebimento do material até a elaboração do laudo: coleta/preservação; extração/exame; análises periciais; e formalização/resultados. Todas elas fazem parte de uma grande cadeia de custódia que tem início no reconhecimento e fim no descarte do vestígio. O procedimental é explicado a seguir e ilustrado na Figura 5.1.

Figura 5.1 – Fases da perícia criminal

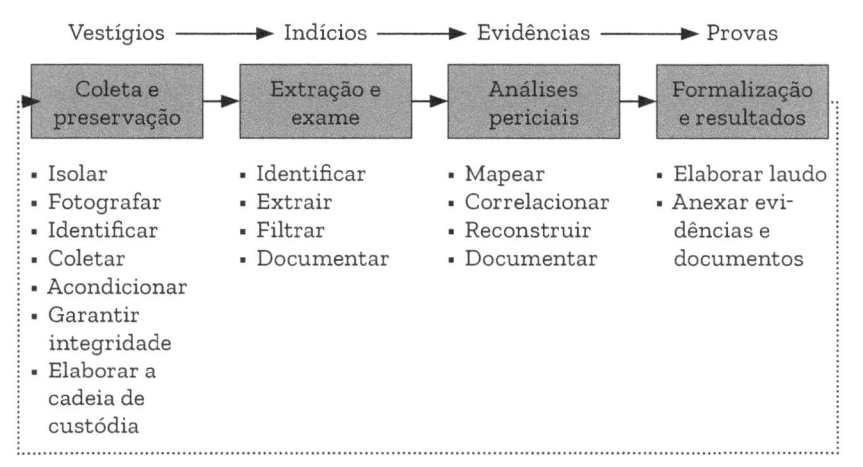

Vestígios →	Indícios →	Evidências →	Provas
Coleta e preservação	Extração e exame	Análises periciais	Formalização e resultados
• Isolar • Fotografar • Identificar • Coletar • Acondicionar • Garantir integridade • Elaborar a cadeia de custódia	• Identificar • Extrair • Filtrar • Documentar	• Mapear • Correlacionar • Reconstruir • Documentar	• Elaborar laudo • Anexar evidências e documentos

5.1.1 Fase de coleta e preservação

De suma importância para a análise pericial, é nessa fase que o maior volume de dados possível deverá ser coletado e quando serão necessários cuidados essenciais para garantia e manutenção de sua integridade.

Demais atividades inerentes a essa fase estão relacionadas ao local de crime, que deve ser isolado, e ao corpo de delito, que deve ser identificado e acondicionado a fim de que seja devidamente preservado e registrado no documento de cadeia de custódia.

Para que essa fase seja realizada completa e com êxito, o perito deve cumprir os seguintes requisitos: reconhecer o vestígio, isolar a área, fixar o vestígio, coletar, identificar e acondicionar vestígios, bem como garantir a cadeia de custódia.

5.1.2 Fase de extração e exame

Nessa fase, o principal objetivo é fazer a triagem dos vestígios coletados, isto é, separar o que seja relevante à perícia em questão.

Antes de iniciar essa etapa, é preciso que as metodologias e o ferramental para a análise pericial estejam definidos e relacionados ao tipo de investigação que será realizada. Para tanto, o perito deve se valer de técnicas e procedimentos que lhe tragam o maior número de informações úteis possíveis. Assim, deve utilizar ferramental homologado, entre outros procedimentos, para agilizar a busca por evidências e garantir sua autenticidade e sua integridade, garantindo o cumprimento dos seguintes requisitos: identificar, extrair, filtrar e documentar (tudo relacionado aos dados examinados).

Outro procedimento que antecede a extração dos dados armazenados no computador é a duplicação da mídia. Como esse é um processo que leva tempo, deverá ser realizado já no laboratório. Na maioria dos casos, o procedimento adotado para a preservação de mídias de armazenamento computacional é a duplicação forense, que consiste na cópia exata de todos os *bits* contidos na mídia questionada para um arquivo de imagem.

A duplicação forense pode ser realizada por meio de equipamentos especializados, como os mostrados na Figura 5.2.

Figura 5.2 – Exemplos de equipamentos especializados de duplicação forense

Tableau Forensic Duplicator   Falcon® – NEO

Foto cedida por Logicube, Inc. O Falcon®-NEO é uma marca registrada da Logicube, Inc.

A vantagem na utilização desses equipamentos é que eles bloqueiam as conexões com as mídias por padrão, evitando qualquer modificação em seu conteúdo e, consequentemente, futuros questionamentos. Sua desvantagem principal é o preço, que costuma estar na faixa dos milhares de reais.

Uma opção mais barata é utilizar computadores comuns, desde que alguns cuidados sejam observados.

Importante

Caso o computador escolhido utilize o sistema operacional Windows, é imprescindível a aquisição de um cabo, gaveta ou *dock* USB para conexão externa da mídia investigada. Em seguida, o sistema deverá ser configurado para não gravar informações via interface USB. Essa configuração é feita com a criação do valor WriteProtect (DWORD) na seguinte chave do registro do Windows: HKEY_LOCAL_MACHINE\SYSTEM\CurrentControlSet\Control\StorageDevicePolicies.

> Em seguida, basta alterar seu valor para 1, quando quiser proteger a interface USB contra gravações, e para 0, após desconectar a mídia questionada.

Toda essa cautela é necessária porque o comportamento-padrão dos sistemas Windows é gravar algumas informações em qualquer mídia de armazenamento conectada ao computador.

Outra opção é utilizar distribuições Linux forenses, como DEFT e CAINE, que são preparadas para não gravar nas mídias. Nesse caso, a conexão USB é desnecessária e a mídia pode ser ligada às próprias conexões internas do computador. A duplicação forense seria feita por meio de *softwares* como GNU dd e GNU ddrescue.

Para finalizar a fase de preservação, ainda é necessário se certificar de que o conteúdo duplicado é idêntico ao original. Isso é feito por meio dos algoritmos de *hash*, capazes de detectar a alteração de um único *bit* de informação.

A partir desse ponto, a mídia original já poderá ser armazenada em local seguro, pois o trabalhado será agora feito com o arquivo de imagem.

A segunda fase consiste nas técnicas utilizadas para extrair os vestígios digitais. No caso de mídias de armazenamento computacional, serão extraídos os arquivos ativos, os apagados e até mesmo os fragmentos de arquivo. Nessa fase, é comum a utilização dos *softwares* Guidance Encase e AccessData FTK, pois estão há vários anos no mercado e têm uma reputação consolidada. No entanto, em razão do preço elevado, que facilmente chega aos milhares de reais, alternativas de código aberto, como o Autopsy, são bem-vindas.

Alguns dos recursos importantes que deverão nortear a escolha do *software* são:

- **Interface** – Deverá ser amigável e ágil, capaz de suportar centenas de milhares de arquivos.

- **Assinatura** – Classificar o arquivo por meio de sua assinatura ou *magic number*, que consiste nos primeiros *bytes*. Essa característica permite detectar o uso de uma técnica rudimentar de ocultação de informação, que consiste na alteração da extensão do arquivo.
- *Data carving* – Utiliza a assinatura para identificar arquivos localizados em áreas não utilizadas da mídia.
- *Hash* – A ferramenta escolhida deverá ter suporte aos *hashes* mais comuns.

A próxima fase consiste na análise dos arquivos (ou fragmentos) extraídos, visando encontrar informações que permitam a comprovação ou a refutação do fato investigado. Nessa etapa, são empregadas técnicas que permitem pesquisar o conteúdo dos arquivos, filtrar aqueles sem relação com a investigação, identificar rapidamente os de interesse e transformar em informação útil a partir de sua forma bruta.

5.1.3 Fase de análises periciais

Na terceira fase, praticamente paralela à anterior, os dados e as informações separados serão analisados com o intuito de encontrar evidências relevantes que auxiliem na investigação do caso. Assim, tudo o que seja encontrado e considerado relevante ao caso deve ser correlacionado na perícia, de tal forma que seja possível realizar a reconstrução dos eventos, estabelecer seu nexo de causalidade e, assim, chegar a uma conclusão, ou seja, provar a materialidade do fato. Portanto, essa fase consiste no exame das informações extraídas que tenham relação com o delito investigado.

Os peritos devem ser muito criteriosos, evitando que algum conteúdo relacionado aos quesitos formulados seja desconsiderado. É a principal fase do exame pericial e a que exige maior esforço, cuidado e capacidade técnica do perito, pois requer especial atenção no tocante ao que está sendo examinado.

Para que essa fase seja realizada completa e com êxito, o perito deve cumprir os seguintes requisitos: mapear, correlacionar, reconstruir e documentar (tudo relacionado às informações analisadas).

5.1.4 Fase de formalização e resultados

Nessa última etapa, o objetivo é reunir todas as evidências coletadas, examinadas e analisadas, a fim de apresentar um laudo garantindo a materialidade do fato crime – prova irrefutável. Metodologias, ferramentas, técnicas e informações que comprovem a integridade das informações devem ser relatadas no laudo.

O documento deve apontar o resultado e apresentar as evidências digitais encontradas nos materiais examinados, bem como devem indicar os principais procedimentos realizados, incluindo as técnicas.

Para que essa fase seja realizada completa e com êxito, o perito deve cumprir os seguintes requisitos: elaborar o laudo pericial e anexar evidências e documentos relacionados e relevantes à perícia (tudo relacionado às evidências processadas).

Diante do exposto, ressaltamos que todos os elementos, dados e informações apurados e processados obedecem a um ciclo lógico e cronológico que constitui o processo da perícia criminal, o qual é sinteticamente ilustrado na Figura 5.3.

Figura 5.3 – Processo da perícia criminal

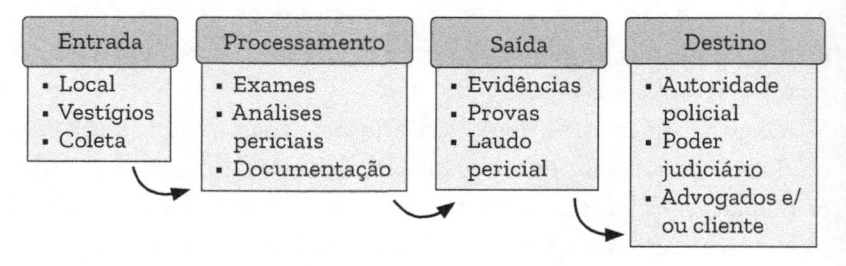

Entrada	Processamento	Saída	Destino
• Local • Vestígios • Coleta	• Exames • Análises periciais • Documentação	• Evidências • Provas • Laudo pericial	• Autoridade policial • Poder judiciário • Advogados e/ou cliente

Processamento não quer dizer necessidade de equipamento ou laboratório; com frequência, o perito precisa fazer o processamento e a análise do vestígio no próprio local de crime.

Por exemplo, em um local de crime em que se buscam manchas de sangue, a primeira pergunta que o perito deve fazer é: A mancha está visível? Caso a resposta seja *não*, deve iniciar o processamento utilizando, por exemplo, luminol. Se a mancha de sangue, após o processamento com luminol, for quimioluminescente, o perito realiza a análise, a coleta e faz a preservação do material.

Ainda no campo da biologia, outro exemplo clássico de processamento e análise pode ser vislumbrado no laboratório de genética forense, onde o material biológico entra de forma bruta, é processado pela extração do DNA e tem o perfil genético extraído para ser analisado pelo perito que vai emitir um laudo.

Um dos exames mais complexos e demorados são os relativos a vestígios cibernéticos. Pode demorar anos, por exemplo, em casos onde o arquivo criptografado está passando por um processamento para quebrar a senha.

O volume de dados para serem processados e analisados nos casos envolvendo vestígios cibernéticos traz grandes desafios para a perícia criminal.

Um simples HD de 1 TB pode conter 18 mil horas de áudio em formato MP3, ou 4 milhões de fotos em JPEG, ou cerca de 1,5 mil hora de vídeos, ou mais de 30 milhões de páginas. Por essa razão, a análise desse material pode durar meses. A título de ilustração: Quanto tempo levaria para ler e compreender 30 mil páginas?

As pessoas com maior capacidade de leitura e compreensão no mundo leem e compreendem cerca de 623 palavras por minuto.

Extrapolando para algo mais palpável, basta fazer um cálculo simples: 150 páginas vezes 200 palavras igual a 30 mil palavras. 30 mil palavras divididas por cerca de 500 palavras por minuto resultaria em 60 minutos para ler e compreender 150 páginas. Agora, imagine ler e compreender 30 milhões de páginas de um simples HD de 1 TB.

5.5.1 Laudo pericial

Dos vários documentos técnicos científicos periciais, podemos dizer que o laudo pericial é o documento mais completo, pois materializa o resultado do exame que realizou e responde aos quesitos que lhe foram propostos pelo juiz, delegado etc., descrevendo em detalhes tudo o que foi examinado e seguindo uma metodologia adequada ao caso para, ao final, chegar a uma conclusão.

Como visto anteriormente, esse documento pode ter uma estrutura variável, mas a maioria dos doutrinadores concorda com as seguintes partes básicas: preâmbulo, histórico (item facultativo), objetivo, exames e conclusão ou resposta dos quesitos. O Quadro 5.1 descreve o que deve conter em cada um desses itens.

Quadro 5.1 – Itens básicos de um laudo pericial

Item	Descrição
Título	Identifica o tipo de laudo, isto é, se é de local de crime, de exame em equipamento computacional etc.
Preâmbulo	Parte preliminar que traz as informações da designação e da requisição do exame pericial.
Histórico	Item opcional no qual se apresentam o relato de informações, fatos e circunstâncias que contribuem para a compreensão sistêmica dos fatos ocorridos, da dinâmica, da materialidade e da autoria do ato ilícito praticado.
Objetivo dos exames	É onde se descreve a finalidade dos exames realizados em atendimento aos quesitos solicitados.
Exames	Parte do laudo onde o perito indica a técnica ou o método utilizado no exame, esclarece e demonstra a ciência aplicada à análise dos vestígios.
Conclusão e respostas aos quesitos	Final do laudo pericial, o qual deve pôr fim ao período de análise técnico-pericial. Dessa forma, dependendo dos resultados obtidos no exame, esse capítulo pode ser conclusivo ou inconclusivo. Assim, em ambas as situações, o perito deve fundamentar categoricamente os motivos que levaram ao resultado.

A principal característica do laudo pericial criminal é que todas as partes envolvidas no processo podem utilizá-lo em todas as fases, pois é um documento técnico único, determinado pelo art. 159 do Código de Processo Penal (CPP) – Decreto-Lei n. 3.689, de 3 de outubro de 1941 –, que traz apenas a figura do perito oficial como habilitado a realizar a perícia, dizendo: "o exame de corpo de delito e outras perícias serão realizados por perito oficial, portador de diploma de curso superior" (Brasil, 1941).

Quanto à elaboração do laudo pericial, o art. 160 do CPP estabelece que "os peritos elaborarão o laudo pericial, onde descreverão minuciosamente o que examinarem, e responderão aos quesitos formulados", determinando, ainda, em seu parágrafo único, o prazo para elaboração do documento: "o laudo pericial será elaborado no prazo máximo de 10 dias, podendo este prazo ser prorrogado, em casos excepcionais, a requerimento dos peritos" (Brasil, 1941). Todavia, o documento em questão pode ser rejeitado pelo juízo conforme prevê o art. 182, o qual diz que "o juiz não ficará adstrito ao laudo, podendo aceitá-lo ou rejeitá-lo, no todo ou em parte" (Brasil, 1941).

Após sua finalização, o laudo é encaminhado à autoridade solicitante, delegado ou juiz, entre outras. Depois que o juiz aceita a denúncia do promotor, e desde que o perito tenha finalizado o laudo, as partes poderão constituir assistentes técnicos para analisá-lo. Os peritos também podem ter de responder a quesitos complementares para prestar esclarecimentos sobre o laudo pericial ao juiz, ao promotor e aos advogados.

5.5.2 Parecer técnico

É um documento com o objetivo de esclarecer algo a alguém, ou seja, diferentemente do laudo pericial, o parecer técnico tem por finalidade elucidar ou contestar fatos inerentes a um caso que se entenda ser preciso de mais esclarecimentos ou de contestações, podendo ser estruturado por um exame propriamente dito ou uma opinião a respeito de um trabalho (laudo, por exemplo) anteriormente produzido por peritos oficiais ou não.

Por exemplo: João não concorda com o resultado de um laudo oficial referente a um acidente de trânsito no qual se envolveu, por isso contratou Paulo como assistente técnico para emitir uma opinião sobre a qualidade técnica do laudo do acidente, procurando falhas no documento. Nesse caso, Paulo deverá emitir um parecer técnico.

Portanto, o parecer técnico estará sempre relacionado a um objetivo específico (esclarecimento ou contestação de algo), excluindo de sua análise informações que não confirmem (ou que não sejam necessárias) o esclarecimento (ou a contestação) dos fatos em questão. Nesse sentido, na situação hipotética do exemplo apresentado anteriormente, o assistente técnico (Paulo) analisará e emitirá a sua opinião (seu parecer) sobre os fatos que respaldem os argumentos de seu cliente (João), devendo, para isso, buscar subsídios técnicos que apoiem sua tese, obviamente todos embasados pela ética e pela verdade.

O parecer técnico também se aplica quando da requisição de autoridades, quando não seja preciso realizar um exame pericial efetivo, mas seja necessário analisar algum caso (real ou hipotético) perante depoimentos e/ou relatos, a fim de verificar tecnicamente a lógica do que está sendo afirmado ou quando seja fundamental conhecimento técnico especializado para avaliar/analisar determinada situação.

Por fim, podemos dizer que o parecer técnico tem uma infinidade de aplicações e seu conteúdo pode tratar desde fatos reais até situações hipotéticas que possam servir de parâmetro para demais exames ou considerações. É interessante ressaltar que há, analogamente, grande similaridade entre as estruturas de tópicos internos do laudo e do parecer, mas não há uma regra básica ou padrão para os pareceres.

5.2 Preservação e armazenamento

Preservar ou armazenar um vestígio, segundo a Portaria n. 82/2014, é "o procedimento referente à guarda, em condições adequadas, do material a ser processado, guardado para realização de contraperícia, descartado ou transportado, com vinculação ao número do laudo correspondente" (Brasil, 2014).

Uma das condições essenciais para a manutenção da cadeia de custódia é que todas as unidades de perícia deverão ter uma central de custódia para guarda e controle dos vestígios.

A central de custódia de vestígios é um ambiente controlado, onde acesso, temperatura, pressão e umidade são rigorosamente monitorados.

Cada tipo de vestígio exige um armazenamento específico. Por exemplo, um cadáver deve ficar refrigerado; um aparelho celular, longe de umidade e interferências eletromagnéticas.

Da mesma forma que os órgãos de perícia têm uma central de custódia, os demais órgãos devem ter centrais provisórias de vestígios, onde são colocados até serem encaminhados para a central de custódia de vestígios.

A central de custódia de vestígios é uma estrutura do órgão de perícia fundamental para a busca da justiça. São inúmeros os casos de absolvição ou condenação com base em vestígios reanalisados anos posteriormente. Isso só foi possível porque os órgãos de perícia contavam com uma central de custódia de vestígios que os mantinha depois do trânsito em julgado da ação. Portanto, essa central é um instrumento de justiça, pois permite que os vestígios sejam sempre reanalisados sob o prisma da evolução das ciências forenses.

Figura 5.4 – Exemplos de centrais de custódia

5.3 Descarte

O descarte do vestígio é a última fase da cadeia de custódia. Segundo a Portaria n. 82/2014 da Senasp, *descarte* é "o procedimento referente à liberação do vestígio, respeitando a legislação vigente e, quando pertinente, mediante autorização judicial" (Brasil, 2014).

O descarte de vestígios, além de exigir autorização judicial, deve seguir regras de biossegurança e meio ambiente. Cada vestígio segue uma regra específica para destinação. Um aparelho celular, por exemplo, não pode ser simplesmente jogado no lixo comum. O descarte exige uma sanitização dos dados da memória, a destinação correta dos componentes eletrônico, tudo com o intuito de preservar a privacidade das informações e o meio ambiente. Cada tipo de material tem uma técnica de descarte apropriado, principalmente os materiais contaminantes.

O principal tipo de vestígio descartado é o biológico, que deve seguir rigorosamente a Resolução n. 306, de 7 de dezembro de 2004 (Anvisa, 2004).

Os vestígios biológicos e os materiais utilizados em sua coleta, como luvas e *swabs*, devem ser descartados observando-se as normas de descarte de resíduos biológicos.

É comum, em locais de crime, os profissionais de saúde e segurança utilizarem luvas e as deixarem no local, violando as normas de descarte de resíduos. O erro procedimental pode levar à contaminação e à alteração do contexto da cena. Por isso, realizar corretamente os procedimentos de descarte é fundamental.

Resíduos perigosos ou altamente contaminantes, como radiativos, químicos, explosivos e infectantes, devem seguir normas e legislação específicas dos órgãos reguladores.

Para concluir a fase de descarte de vestígios, é importante ressaltar o valor arquivístico permanente de fotografias, vídeos, dados ou qualquer documento de interesse da justiça. É importante, então, que a política nacional de arquivos públicos e privados determinados pela Lei n. 8.159, de 8 de janeiro de 1991 (Brasil, 1991), seja seguida rigorosamente. Por questão de justiça e manutenção do estado democratico de direito, o vestígio só pode ser após o cumprimento da pena e encerramento da persecução e execução penal.

Estudo de caso

Em uma operação da Polícia Federal, agentes realizaram a apreensão de mídias de armazenamento computacional e acessaram diretamente o conteúdo dos arquivos sem utilizar o método científico e as técnicas de ciências forenses.

O acesso aos arquivos alterou metadados, deixando um rastro de acesso.

Tal procedimento, que feriu frontalmente a Portaria n. 82/2014 da Senasp, foi alvo de apreciação no Recurso Especial n. 1.435.421, julgado pela Sexta Turma do STJ do RS em 16 de junho de 2015.

Diante da quebra da cadeia de custódia, a defesa alegou afronta ao art. 245, parágrafo 6º, do Código de Processo Penal (CPP) e requereu a nulidade da prova colhida pela Polícia Federal.

Vejamos um trecho do questionamento feito pela defesa:

a prova foi contaminada ante a ausência do "necessário e imprescindível cuidado criterioso para se preservar os computadores apreendidos e, consequentemente, o seu conteúdo, o que seria fundamental, pois a denúncia funda-se praticamente de forma exclusiva nos diversos e-mails citados pelo (já mencionado) 'Relatório Conclusivo' e que, supostamente, demonstram a prática de diversos crimes". (STJ, 2000)

O caso em tela é um exemplo clássico em que a falha no procedimento de cadeia de custódia compromete a idoneidade da prova, deixando-a enfraquecida.

Por vezes, erros procedimentais como esses colocam meses de trabalho em dúvida.

O procedimento correto, no caso, seria seguir rigorosamente o que diz o documento de procedimento operacional padrão para perícia criminal publicado pela Senasp (Brasil, 2013).

Como bem reconheceu e destacou o magistrado: "O espelhamento das mídias de informática são providências de perpetuação da prova destinadas a atestar, com a maior confiabilidade possível, a idoneidade da prova, mas não há determinação legal de que não sejam acessadas diretamente" (Rio Grande do Sul, 2015).

O magistrado conclui que "todo esse contexto deixa claro que houve falhas na preservação do material apreendido. Aparentemente, os próprios arquivos que contêm os bancos de dados foram alterados, visto que são datados das 11h do dia apreensão, a qual teria ocorrido ao raiar do dia" (Rio Grande do Sul, 2015).

Portanto, nesse caso, uma prova que poderia ser extremamente robusta, objetiva e calcada no método científico se tornou fraca e dúbia.

Não bastasse o questionamento quanto ao acesso aos dados de forma direta, antes dos procedimentos forenses, a defesa também questionou a ausência de lacres, ou seja, mais uma falha na cadeia de custódia.

> Segundo consta nos autos, a Polícia Federal deixou de lacrar os materiais colhidos na busca e apreensão, ou seja, violou o procedimento de cadeia de custódia.
>
> A utilização de lacre é uma questão *sine qua non* da cadeia de custódia. Podemos dizer que é o *status* fundante e requisito de segurança de qualquer vestígio coletado.
>
> No caso em tela, o magistrado atenua o erro procedimental dizendo que, diante do volume de vestígios apreendidos, não era razoável a utilização de lacres.
>
> Essa análise do magistrado mostra a necessidade de planejamento da coleta de vestígios, pois erros procedimentais podem comprometer toda a operação.
>
> Da época em que ocorreu esse caso até os dias atuais, muito se evoluiu em questões procedimentais, mas é sempre importante ressaltar casos como esse para que os neófitos não cometam os mesmos erros procedimentais.

Síntese

A fase de análise e apresentação de resultados é o ápice da transformação de vestígios em evidências. É quando o olhar atento do perito e seu conhecimento científico dão materialidade e caráter probatório ao que foi coletado.

Neste capítulo, mostramos ao leitor que a análise pericial, muitas vezes, é complexa e demanda tempo (além dos 10 dias processuais). Também informamos como são apresentados os resultados de um exame pericial.

Por derradeiro, ressaltamos a importância de seguir à risca os procedimentos de descarte de qualquer vestígio, sempre conforme os ditames da lei.

Para saber mais

Sugerimos algumas obras que darão a você maior embasamento para o entendimento do estudo que fizemos neste capítulo:

VELHO, J. A. (Org.). **Tratado de computação forense**. Campinas: Millenium, 2017.

VELHO, J. A.; COSTA, K. A.; DAMASCENO, C. T. **Locais de crime**: dos vestígios à dinâmica criminosa. Campinas: Millennium, 2017.

VELHO, J. A.; GEISER, G. C.; ESPINDULA, A. (Org.). **Ciências forenses**: uma introdução às principais áreas da criminalística moderna. 3. ed. Campinas: Millennium, 2017.

Questões para revisão

1. Peritos criminais foram acionados para analisar um caso de drástica redução de volume e liquefação de cocaína armazenada no depósito de uma delegacia no Norte do Brasil, onde a temperatura média do mês tinha sido 35 °C. Na ocasião, os peritos constataram, no depósito desprovido de vias de ventilação e de sistema de refrigeração, a presença de um saco plástico sem identificação, contendo material de consistência pastosa e manchas por escorrimento, empoçamento e contato, de coloração marrom escuro, que se estendiam do armário até o piso do depósito. No local foram coletadas amostras sólidas e líquidas das manchas e poças encontradas, as quais foram submetidas à análise por CG/EM (cromatografia gasosa/espectrometria de massas) pelos peritos. Os exames acusaram a presença, em todas as amostras coletadas, de cocaína e seus produtos de degradação.

Figura 5.5 – Manchas no piso e na prateleira do depósito onde se armazenava cocaína, indicadas por setas e números, respectivamente

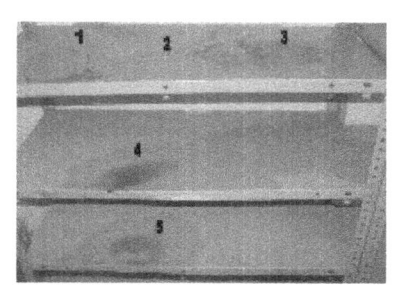

Considerando que, em temperaturas elevadas, as amostras de cocaína (se misturadas a alguns adulterantes) podem sofrer escurecimento, tornam-se pastosas ou líquidas, e que esse processo é acompanhado por drástica redução de massa de material sólido e, ainda, que não raro se resume a uma borra escura e certa quantidade de cristais, pode-se afirmar que o armazenamento da cocaína no caso em tela está em desacordo ao processo de cadeia de custódia para o referido vestígio? Justifique sua resposta.

2. Qual é a diferença entre laudo e parecer?

3. O descarte de vestígios, além de exigir autorização judicial, deve seguir regras específicas para sua destinação.

   Essa afirmação é:

   ( ) Verdadeira   ( ) Falsa

4. Segundo o Código de Processo Penal (CPP), o prazo para a entrega de um laudo pericial é de:
   a) 5 dias.
   b) 10 dias.
   c) 15 dias.
   d) 20 dias.

5. Todo documento, foto e vídeo pode ser descartado.

   Essa afirmação é:

   ( ) Verdadeira ( ) Falsa

Questão para reflexão

1. O descarte do vestígio pode ser feito logo após o trânsito em julgado da ação penal ou após o julgamento por órgão colegiado? Qual é a importância democrática da central de custódia para alcançar a justiça?

Consultando a legislação

Se você quiser se aprofundar um pouco mais na legislação aplicada neste capítulo, consulte:

BRASIL. Decreto-Lei n. 3.689, de 3 de outubro de 1941. **Diário Oficial [da] República dos Estados Unidos do Brasil**, Rio de Janeiro, 13 out. 1941. Disponível em: <http://www.planalto.gov.br/ccivil_03/decreto-lei/Del3689.htm>. Acesso em: 25 maio 2019.

BRASIL. Ministério da Justiça. Secretaria Nacional de Segurança Pública. **Procedimento operacional padrão**: perícia criminal. Brasília, 2013. Disponível em: <http://politec.mt.gov.br/arquivos/File/institucional/manual/

procedimento_operacional_padrao-pericia_criminal.pdf>. Acesso em: 25 maio 2019.

BRASIL. Secretaria Nacional de Segurança Pública. Portaria n. 82, de 16 de julho de 2014. **Diário Oficial da União**, Brasília, DF, 18 jul. 2014. Disponível em: <http://pesquisa.in.gov.br/imprensa/jsp/visualiza/index.jsp?data=18/07/2014&jornal=1&pagina=42&totalArquivos=124>. Acesso em: 25 maio 2019.

ISO – International Organization for Standardization. **ISO/IEC 27037**: Information Technology: Security Techniques: Guidelines for Collection, Acquisition, and Preservation of Digital Evidence. Switzerland, 2012.

PARANÁ. Polícia Militar. **Diretriz 003, de 28 de outubro de 2014**: Procedimentos em locais de crime e preservação de locais de crime que demandam a realização de exames periciais. Curitiba, 28 out. 2014. Disponível em: <http://www.aprapr.org.br/wp-content/uploads/2014/10/Diretriz-003-Procedimentos-PM-em-Locais-de-Crime_-28Out20141.pdf>. Acesso em: 25 maio 2019.

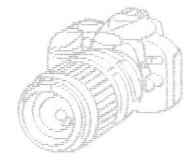

considerações finais

A cadeia de custódia é um dos conceitos mais importantes das ciências forenses, tendo seu início no reconhecimento e seu fim no descarte. A correta custódia dos vestígios é uma questão de justiça, de democratização da prova com a utilização do método científico. Deve-se oportunizar a aplicação do método científico de busca da verdade a qualquer uma das partes e a qualquer tempo.

A correta guarda e preservação do vestígio em uma central de custódia é obrigação do ente estatal. Não é admissível, no Estado Democrático de Direito, uma persecução criminal sem a correta cadeia de custódia.

Não são raros os casos em que a ciência evoluiu e chegou a conclusões diferentes na reanálise de casos antigos.

A absolvição de inocentes e a condenação dos verdadeiros culpados só é possível com uma boa central de custódia de vestígios, que preserve sua integridade e sua autenticidade.

referências

ANVISA – Agência Nacional de Vigilância Sanitária. **Resolução n. 306, de 7 de dezembro de 2004**. Disponível em: <http://www.saude.mg.gov.br/images/documentos/res_306.pdf>. Acesso em: 16 jul. 2019.

ARDEN, P. **Tudo o que você pensa, pense ao contrário**. Tradução de Roberto Muggiati. Rio de Janeiro: Intrínseca, 2008.

BCB – Banco Central do Brasil. **Verificação de cédulas**. Disponível em: <https://www.bcb.gov.br/htms/mecir/seguranca/roteiro.asp?idpai=cedsusp>. Acesso em: 25 maio 2019.

BONDER, N. **O segredo judaico de resolução de problemas**. Rio de Janeiro: Imago, 1995.

BRASIL. Decreto-Lei n. 1.002, de 21 de outubro de 1969. **Diário Oficial da União**, Poder Executivo, Brasília, DF, 21 out. 1969. Disponível em: <http://www.planalto.gov.br/ccivil_03/decreto-lei/del1002.htm>. Acesso em: 11 jul. 2019.

_____. Decreto-Lei n. 2.848, de 7 de dezembro de 1940. **Diário Oficial da União**, Poder Executivo, Brasília, DF, 31 dez. 1940. Disponível em: <https://www.planalto.gov.br/ccivil_03/decreto-lei/del2848.htm>. Acesso em: 25 maio 2019.

_____. Decreto-Lei n. 3.689, de 3 de outubro de 1941. **Diário Oficial [da] República dos Estados Unidos do Brasil**, Rio de Janeiro, 13 out. 1941. Disponível em: <http://www.planalto.gov.br/ccivil_03/decreto-lei/Del3689.htm>. Acesso em: 25 maio 2019.

_____. Lei n. 5.970, de 11 de dezembro de 1973. **Diário Oficial da União**, Poder Legislativo, Brasília, DF, 12 dez. 1973. Disponível em: <http://www.planalto.gov.br/ccivil_03/LEIS/1970-1979/L5970.htm>. Acesso em: 11 jul. 2019.

_____. Lei n. 8.159, de 8 de janeiro de 1991. **Diário Oficial da União**, Poder Legislativo, Brasília, DF, 9 jan. 1991. Disponível em: <http://www.planalto.gov.br/ccivil_03/Leis/L8159.htm>. Acesso em: 16 jul. 2019.

BRASIL. Lei n. 12.030, de 17 de setembro de 2009. **Diário Oficial da União**, Poder Legislativo, Brasília, DF, 18 set. 2009. Disponível em: <http://www.planalto.gov.br/ccivil_03/_Ato2007-2010/2009/Lei/L12030.htm>. Acesso em: 25 maio 2019.

_____. Lei n. 13.105, de 16 de março de 2015. **Diário Oficial da União**, Poder Legislativo, Brasília, DF, 17 mar. 2015. Disponível em: <http://www.planalto.gov.br/ccivil_03/_Ato2015-2018/2015/Lei/L13105.htm>. Acesso em: 25 maio 2019.

BRASIL. Ministério da Justiça. Secretaria Nacional de Segurança Pública. **Diagnóstico da perícia criminal no Brasil**. Brasília, 2012. Disponível em: <https://mpma.mp.br/arquivos/CAOPCEAP/Diagn%C3%B3stico%20Per%C3%ADcia%20Criminal%20no%20Brasil.pdf>. Acesso em: 5 out. 2019.

_____. **Procedimento operacional padrão**: perícia criminal. Brasília, 2013. Disponível em: <http://politec.mt.gov.br/arquivos/File/institucional/manual/procedimento_operacional_padrao-pericia_criminal.pdf>. Acesso em: 25 maio 2019.

BRASIL. Secretaria Nacional de Segurança Pública. Portaria n. 82, de 16 de julho de 2014. **Diário Oficial da União**, Brasília, DF, 18 jul. 2014. Disponível em: <http://pesquisa.in.gov.br/imprensa/jsp/visualiza/index.jsp?data=18/07/2014&jornal=1&pagina=42&totalArquivos=124>. Acesso em: 25 maio 2019.

CARARO, A. Médiuns. **Superinteressante**, 31 out. 2016. Disponível em: <https://super.abril.com.br/historia/mediuns/>. Acesso em: 25 maio 2019.

CARVEY, H. **Windows Forensic Analysis Toolkit**. 4. ed. New York: Syngress, 2014.

_____. **Windows Registry Forensics**. 2. ed. New York: Syngress, 2016.

CAVALCANTI, A. **Criminalística básica**. 3. ed. Porto Alegre: Sagra-DC Luzzatto, 1995.

CFM – Conselho Federal de Medicina. Resolução 2.173, de 23 de novembro de 2017. **Diário Oficial da União**, 15 dez. 2017. Disponível em: <https://saude.rs.gov.br/upload/arquivos/carga20171205/19140504-resolucao-do-conselho-federal-de-medicina-2173-2017.pdf>. Acesso em: 7 out. 2019.

CHISUM, W. J.; TURVEY, B. E. **Crime Reconstruction**. 2. ed. Boston: Academic Press; New York: Elsevier, 2011.

COREY, A.; CARVEY, H. **Digital Forensics with Open Source Tools**. New York: Syngress, 2011.

COSTA, L. R. **Metodologia e arquitetura para sistematização do processo investigatório de análise da informação digital**. 117 f. Dissertação (Mestrado em Engenharia Elétrica) – Universidade de Brasília, Brasília, 2012. Disponível em: <http://repositorio.unb.br/bitstream/10482/12117/1/2012_LeviRobertoCosta.pdf>. Acesso em: 5 out. 2019.

CRUZ, M. R. da. **Processo dinâmico transruptivo**. Curitiba: Eslética, 2000.

DEMARTINI, M. Microsoft consegue armazenar vídeos e livros em DNA humano. **Exame**, 11 out. 2016. Disponível em: <https://exame.abril.com.br/ciencia/microsoft-consegue-armazenar-videos-e-livros-em-dna-humano/>. Acesso em: 11 jul. 2019.

DEMERCIAN, P. H.; MALULY, J. A. **Curso de processo penal**. São Paulo: Atlas, 2001.

DIAS FILHO, C. R. Cadeia de custódia: do local de crime ao trânsito em julgado; do vestígio à evidência. **Revista dos Tribunais**, v. 98, n. 883, p. 436-451, maio 2009.

ESPINDULA, A. Laudo pericial e outros documentos técnicos. **Conteúdo Jurídico**, 20 dez. 2008. Disponível em: <https://conteudojuridico.com.br/consulta/Artigos/16240/laudo-pericial-e-outros-documentos-tecnicos>. Acesso em: 25 maio 2019.

____. **Perícia criminal e cível**: uma visão geral para peritos e usuários da perícia. 3. ed. Campinas: Millennium, 2009.

____. ____. 4. ed. Campinas: Millenium, 2013.

FÁVERO, F. **Medicina legal**: introdução ao estudo da medicina legal, identidade, traumatologia, infortunística, tanatologia. 12. ed. São Paulo: Villa Rica, 1991.

FRANÇA, G. V. de. **Medicina legal**. 9. ed. Rio de Janeiro: Guanabara Koogan, 2011.

FRUTUOSO, S. Sally Headding. **IstoÉ**, Entrevista, 1º abr. 2009. Disponível em: <https://istoe.com.br/10808_USO+MINHA+INTUICAO+A+FAVOR+DA+LEI+/>. Acesso em: 11 jul. 2019.

GROCHOCKI, L. R.; FRANCO, D. P. Documentos processuais: laudos, pareceres e relatórios. In: VELHO, J. A. (Org.). **Tratado de computação forense**. Campinas: Millennium, 2016. p. 565-592.

GUIMARÃES, M. A.; FRANCISCO, R. A.; EVISON, M. P. Antropologia Forense. In: VELHO, J. A.; GEISER, G. C.; ESPINDULA, A. (Org.). **Ciências forenses**: uma introdução às principais áreas da criminalística moderna. 2. ed. São Paulo: Millennium, 2013. p. ?.

HOUCK, M. M. A realidade do CSI. **Scientific American Brasil**, 2010. Disponível em: <http://sciam.uol.com.br/a-realidade-do-csi/>. Acesso em: 25 maio 2019.

ISO – International Organization for Standardization. **ISO/IEC 27037**: Information Technology: Security Techniques: Guidelines for Collection, Acquisition, and Preservation of Digital Evidence. Switzerland, 2012.

JULIANO, R. **Manual de perícias segundo o Novo Código de Processo Civil**. 6. ed. Rio Grande, 2017.

MALLMITH, D. de M. **Local de Crime**. Porto Alegre: Secretaria da Segurança Pública, 2007. Disponível em: <https://www.docsity.com/pt/local-crime-va/4756722/>. Acesso 17 out. 2019.

MARANHÃO, O. R. **Curso básico de medicina legal**. 8. ed. São Paulo: Malheiros, 1996.

OLIVEIRA, J. L. M. de. **Perícia e investigação criminal**: uma proposta de melhoria do modelo organizacional visando a otimização de resultados. Dissertação (Mestrado em Gestão Empresarial) – Fundação Getúlio Vargas, Rio de Janeiro, 2013. Disponível em: <http://bibliotecadigital.fgv.br/dspace/bitstream/handle/10438/11868/PER%C3%8DCIA%20E%20INVESTIGA%C3%87%C3%83O%20CRIMINAL.pdf?sequence=1>. Acesso em: 25 maio 2019.

PARANÁ. Polícia Militar. **Diretriz n. 003, de 28 de outubro de 2014**: "Procedimentos em locais de crime e preservação de locais de crime que demandam a realização de exames periciais". Curitiba, 28 out. 2014. Disponível em: <http://www.aprapr.org.br/wp-content/uploads/2014/10/Diretriz-003-Procedimentos-PM-em-Locais-de-Crime_-28Out20141.pdf>. Acesso em: 25 maio 2019.

PINHEIRO, P. P. **Direito digital**. 2. ed. São Paulo: Saraiva, 2007.

RABELLO, E. **Curso de criminalística**. Porto Alegre: Sagra-DC Luzzato, 1996.

RIO GRANDE DO SUL. Superior Tribunal de Justiça. **Recurso Especial n. 1.435.421, julgado pela Sexta Turma do STJ em 16 de junho de 2015**. Disponível em: <https://www.jusbrasil.com.br/diarios/94546203/stj-25-06-2015-pg-1878>. Acesso em: 16 jul. 2019.

RODRIGUES, C. V.; SILVA, M. T. da; TRUZZI, O. M. S. Perícia criminal: uma abordagem de serviços. **Revista Gestão & Produção**, São Carlos, v. 17, n. 4, p. 843-857, 2010. Disponível em: <http://www.scielo.br/pdf/gp/v17n4/a16v17n4.pdf>. Acesso em: 5 out. 2019.

SÃO PAULO. Secretaria de Segurança Pública. **Resolução n. 382, de 1º de setembro de 1999**. Disponível em: <http://www.ssp.sp.gov.br/media/documents/pop_resolucao5.doc>. Acesso em: 16 jul. 2019.

STJ – SUPERIOR TRIBUNAL DE JUSTIÇA. Recurso em Habeas Corpus n. 59.414. **Revista Eletrônica de Jurisprudência**, Brasília, 10 maio 2000. Disponível em: <https://stj.jusbrasil.com.br/jurisprudencia/485215213/recurso-ordinario-em-habeas-corpus-rhc-59414-sp-2015-0100647-4/relatorio-e-voto-485215242>. Acesso em: 7 ago. 2019.

THE ECONOMIST. **The "CSI Effect".** 22 Apr. 2010. Disponível em: <https://www.economist.com/node/15949089>. Acesso em: 25 maio 2019.

UNODC – United Nations Office on Drugs and Crime. **Conscientização sobre o local de crime e as evidências materiais em especial para pessoal não forense.** New York, 2010. Disponível em: <http://www.justica.gov.br/sua-seguranca/seguranca-publica/analise-e-pesquisa/download/estudos_diversos/6manual_pericia_nao-forense-1.pdf>. Acesso em: 25 maio 2019.

VELHO, J. A. **Locais de crime.** Campinas: Millenium, 2013.

VELHO, J. A. (Org.). **Tratado de computação forense.** Campinas: Millennium, 2016.

VELHO, J. A.; COSTA, K. A.; DAMASCENO, C. T. M. **Locais de crime**: dos vestígios à dinâmica criminosa. Campinas: Millennium, 2013.

VELHO, J. A.; GEISER, G. C.; ESPINDULA, A. (Org.). **Ciências forenses**: uma introdução às principais áreas da criminalística moderna. Campinas: Millennium, 2012.

____. ____. 2. ed. Campinas: Millennium, 2013.

____. ____. 3. ed. Campinas: Millennium, 2017.

VILLANOVA, A. Criminalística e investigação policial. In: CONGRESSO BRASILEIRO DE CRIMINALÍSTICA, 4., 1977, Brasília.

respostas

Capítulo 1
1. A polícia científica e o cientista forense são peças fundamentais para busca da verdade e da justiça, pois são os olhos técnico-científicos do juiz. O método científico é pautado pela reprodutibilidade do experimento, portanto, torna a prova mais democrática, pois qualquer das partes que aplicar o método científico sobre o vestígio chegará ao resultado, proporcionando o debate de ciência com ciência de forma objetiva.
2. Perito criminal é o perito da justiça e o assistente técnico das partes.
3. Falsa.
4. d
5. Falsa

Capítulo 2
1. Não é possível isolar ou coletar o que não se reconhece.
2. São as mídias de armazenamento.
3. Falsa.
4. a
5. a

Capítulo 3
1. Garantir a integridade dos vestígios e, consequentemente, a manutenção da cadeia de custódia.
2. Avaliar a volatilidade do dispositivo e verificar se está isolado de alterações externas, como o apagamento remoto dos dados de um telefone celular. Um exemplo prático é a ativação do modo avião do aparelho.

3. Falsa. O isolamento é essencial para garantir que os vestígios não sejam alterados e deve ser realizado pelo primeiro profissional que tem contato com a cena do crime.
4. Falsa. Apenas a descrição narrativa sozinha não é capaz de proporcionar o entendimento adequado dos vestígios e seu posicionamento no local de crime. Logo, a descrição narrativa deve ser complementada com o uso de fotografias e croquis.
5. Verdadeira.

Capítulo 4
1. Coleta é ato de apanhar o vestígio, apreensão é ato mandatório.
2. Verdadeira.
3. Falsa.
4. a

Capítulo 5
1. Está em desacordo, pois cada vestígio deve ser armazenado conforme suas características requerem em central de custódia de vestígios específica.
2. Laudo é ato científico. Parecer exara opinião.
3. Verdadeira.
4. b
5. Falsa.

sobre os autores

Jesus Antônio Velho é doutor em Fisiopatologia pela Faculdade de Medicina da Universidade Estadual de Campinas (Unicamp) e graduado em Farmácia-Bioquímica pela Universidade Estadual de Londrina (UEL). Atualmente, é vice-presidente da Sociedade Brasileira de Ciências Forenses (SBCF), biênio 2018/2019. É perito criminal federal, atuando nas áreas de Análises de Locais de Crime, Química Forense, Balística Forense, entre outras. Em relação às atividades de ensino, é professor de Criminalística da Universidade de São Paulo (USP) e em cursos de formação e pós-graduação da Academia da Polícia Federal (ANP). É ainda autor organizador da série "Criminalística Premium", da Millennium Editora.

Gustavo Pinto Vilar é especialista em Docência do Ensino Superior pela Universidade Federal do Rio de Janeiro (UFRJ) e bacharel em Ciência da Computação e Tecnólogo em Processamento de Dados pela Associação Paraibana de Ensino Renovado (Asper). No serviço público, atuou como oficial de cavalaria do Exército Brasileiro, policial rodoviário federal e papiloscopista policial federal. É perito criminal federal especialista em Informática Forense, atuando principalmente nas análises de vestígios em crimes cibernéticos e no combate à pornografia infantil. É diretor regional do Estado do Pará da Associação Nacional dos Peritos Criminais Federais (APCF), biênio 2015/2016.

Luiz Eduardo Marinho Gusmão é mestre em Informática Forense e Segurança da Informação pela Universidade de Brasília (UnB), especialista em Redes de Computadores pela Universidade Federal do Pará (UFPA) e graduado em Processamento de Dados pela Universidade da Amazônia (Unama). Atualmente, é docente do curso de especialização em Computação Forense do Centro Universitário do Estado Pará (Cesupa) e perito criminal federal, atuando na área de Computação

Forense e exercendo suas atividades em Belém, no Setor Técnico-Científico da Superintendência da Polícia Federal no Estado do Pará.

Deivison Pinheiro Franco é mestre em Ciência da Computação, com pesquisa em Criptografia Aplicada, e em Administração de Empresas, com pesquisa em Segurança de Informações em Inovações Tecnológicas; especialista em Ciências Forenses, em Segurança de Redes de Computadores e em Redes de Computadores; e graduado em Processamento de Dados. Atualmente, é analista sênior de Segurança da Informação do Banco da Amazônia, com atividades voltadas à segurança corporativa, análise de fraudes e resposta a incidentes; professor universitário das áreas de Segurança de Informações, Perícia Digital, Arquitetura e Infraestrutura Computacional; perito em Forense Computacional Judicial e Extrajudicial; pesquisador e consultor em Computação Forense e Segurança de Informações, atuando em Auditoria de TI, Análise de Vulnerabilidades, Testes de intrusão e Forense Computacional; colunista das revistas *eForensics Magazine*, *CryptoTID* e *Segurança Digital*; membro do Information Forensics and Security Technical Committee (IEEE IFS-TC) e da Sociedade Brasileira de Ciências Forenses (SBCF), com certificações como: EHF (Ethical Hacking Foundation), C|EH (Certified Ethical Hacker), C|HFI (Certified Hacking Forensic Investigator), CFCE (Certified Forensic Computer Examiner), DSFE (Data Security Forensics Examiner) e ISO/IEC 27002 Advanced.

Luiz Rodrigo Grochocki é mestre em Tecnologia pela Pontifícia Universidade Católica do Paraná (PUCPR); especialista em Estado Democrático de Direito pela Fundação Escola do Ministério Público do Estado do Paraná (FEMPAR) e em Direito Aplicado pela Escola da Magistratura do Paraná (EMAP); e graduado em Direito pelas Faculdades do Brasil e em Engenharia pela PUCPR. Foi chefe da Seção de Computação Forense da Polícia Científica, assessor científico, coordenador do escritório de projetos e chefe de gabinete da

Secretaria de Estado da Segurança Pública do Paraná. Atualmente é Coordenador-Geral de Planejamento, Inovação e Integração de TIC para Segurança Pública do Ministério da Justiça e membro da Sociedade Brasileira de Ciências Forenses.

Impressão: Forma Certa Gráfica Digital
Abril/2023

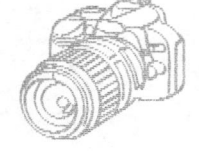

MISTO
Papel | Apoiando o manejo
florestal responsável
FSC® C111076